Pinar Akdag

Weisheiten aus dem Herzen

www.novumverlag.com

Bibliografische Information
der Deutschen Nationalbibliothek:

Die Deutsche Nationalbibliothek
verzeichnet diese Publikation in
der Deutschen Nationalbibliografie.
Detaillierte bibliografische Daten
sind im Internet über
http://www.d-nb.de abrufbar.

Alle Rechte der Verbreitung,
auch durch Film, Funk und Fernsehen,
fotomechanische Wiedergabe,
Tonträger, elektronische Datenträger
und auszugsweisen Nachdruck,
sind vorbehalten

Gedruckt in der Europäischen Union
auf umweltfreundlichem, chlor- und
säurefrei gebleichtem Papier.

© 2022 novum Verlag

ISBN 978-3-99107-655-1
Lektorat: Laura Hiermann
Umschlagfotos: Absentanna,
Anna Poguliaeva | Dreamstime.com
Umschlaggestaltung, Layout & Satz:
novum Verlag

www.novumverlag.com

„Ich glaube daran, dass jede große Religion,
sei es Judentum, Christentum, Islam, Hinduismus oder Buddhismus,
zu einer Vollkommenheit, Erleuchtung und Erlösung führen kann.
Ich glaube an Freiheit, Gleichheit, Brüderlichkeit, Frieden und Menschenrechte.
Und ich glaube, trotz aller Hindernisse auf Erden, dass der Mensch edel,
kostbar und Erbe der Tugenden ist.
Alle auf der Welt, die das Gute wählen und die Vollendung suchen, sind
meine Schwestern und Brüder.
All denjenigen, die ‚Suchende' im Leben sind, sei dieses Werk gewidmet."

Im Namen des Guten, des Erhabenen, des Gerechten, des Tugendhaften, der Vollkommenheit ...

... gewidmet sei dieses Buch Ihm, dem Schöpfer der Welten ...

... Möge dieses Buch den Lesenden eine Stütze im Leben sein, ihm Kraft und Mut schenken; möge dieses Buch dem Leser neue Denkweisen vermitteln und kleine Denkanstöße geben, sodass dieses Werk einen kleinen Beitrag dazu leistet, dass der Zwiespalt auf Erden etwas gemildert werde ...

Inhalt

1. Kuvvet und der Weise 9
   Der Tümpel 10
   Die Seifenblase 14
   Lehrt mich das Weinen 18
   Des Menschen Lebensweg 20
   Wo wir stehen 22
   Die Perle 24
   Das Fernrohr 26
   Das Leben und der Tod 28
   Das Wissen 30
   Ein Vogel 31
   Der Grashalm 32
   Der Kompass 33
   Das Band zu Allah 34

2. Kuvvet 35
   Der Sänger 36
   Lohn und Strafe 41
   So sprich zum Sonnenuntergang 45
   Die Ameise 48
   Wo bist du? 51
   Die Sterne 53
   Das Rotkehlchen 55
   Sprich mit dem Baum 57
   Brennende Meere 59
   An den Schöpfer 60
   Die Wahrscheinlichkeit 62
   Der Traum 63
   Die Straßenlaterne 65

3. Von Kuvvet 66
   Das Eis 67
   Komm herunter 71

Die Schwingen	75
Leidenschaftliches Brennen	79
Die stille Brust	83
Das Feuer	86
Die Sonne	89
Die Wand	92
Der reißende Strom	95
Versprichst du mir das?	98
Der Wandel der Perle	101
Der Untergang	103
Das seltsame Spiel	105
Der Schatten	107
Da hinauf	109
Das Meer	111
Nicht sie	113
Liebe dich	115
Der hastige alte Mann	117
Die Weisheit der Bäume	119
Liebst du?	121
Ich will	122
Helden im Verborgenen	123
Der Schneemann	124
Die Schnecke	125
Das Licht	126
Mut zusprechen	127
Das Wunderland	128
Wunder zulassen	129
Der einsame Baum	130
Monolog	132
Die Liebe	134
Seelenreich	135
Mein Islam	136
Der junge Knabe	137
Ruhe	138
Die Kraft, die in mir ruht	139
Liebe	140

1. Kuvvet und der Weise

Eine junge Frau namens Kuvvet suchte zeit ihres Lebens nach Wahrheiten.
Sie sammelte an allen Ecken der Welt kostbares Wissen und auch in ihren Glauben, den Islam, vertiefte sie sich, um Antworten auf ihre Fragen zu finden.

Und dann war die Zeit reif.
Die Schülerin war bereit.
Und sie begegnete dem Weisen.
Dieser erkannte das lichte Wesen in Kuvvet.
So beschloss der Weise, Kuvvet zu unterrichten in Wahrheiten und Weisheiten.
… Es begann die Belehrung, die Kuvvet fortan den Weg ebnen sollte.

Der Tümpel

Kuvvet und der Weise führten ein Gespräch.
Immer wieder hielt der Weise während dieses Gespräches inne und schmunzelte, bis er in fernen Gedanken versank.
„Du erinnerst mich an jemanden."
Aus Neugierde schüttelte sie fragend ihren Kopf. „An wen erinnere ich Sie?"
„Willst du eine Geschichte hören?"
„Gerne."
„So lass mich dir von dieser Person erzählen."
Kuvvet stimmte dem bei: „Gerne höre ich Ihnen zu."
Somit sprach der Weise.
Es ward die Geschichte über einen Erwachten.
„Vor langer Zeit, als das Leben noch weniger kompliziert, aber genauso turbulent – wenn nicht sogar noch turbulenter und gefährlicher war, lebte ein kleiner Junge. Er war ein ganz gewöhnlicher Junge. Hin und wieder blieb er an bestimmten Gedanken und Sinnfragen hängen, doch da er nun einmal so jung, unerfahren und mitunter gleichgültig war, schüttelte er diese ebenso schnell wieder ab und ging seinem Leben als ganz gewöhnlicher Junge nach.
Das Kind wusste ja nicht, dass es in Wahrheit schlief. Trotz allem ... der Junge wuchs. Er wurde reifer, er lernte viel, er dachte viel nach ... über Gott und die Welt ... einfach über so ziemlich alles, worüber man nachdenken konnte ... Und irgendwann wurde dieser junge Mann von einem Fluch gepackt. Wie besessen wollte er mehr erfahren, wollte noch mehr wissen, wollte noch viel mehr in sich aufsaugen über Gott und diese Welt. Und dann, eines Tages, wachte dieser Mann auf. Und das, was er sah, raubte ihm nahezu den Verstand ... Er war nämlich gar nicht in der Welt, in der er zu sein glaubte. Stattdessen steckte er bis zur Hüfte in einem Sumpf. Seltsam ist, dass er von seinem Hals ab-

wärts mit der schleimigen, brüheartigen Flüssigkeit beschmiert war ... Etwas oder jemand musste ihn, als er sich dessen selbst nicht bewusst gewesen war, zur Hälfte daraus befreit haben. Immer noch ungläubig und verwirrt ließ er daraufhin seinen Blick über die nähere Umgebung schweifen. Und erneut traf ihn ein gewaltiger Schlag. Überall um ihn herum ruhten Menschen bis zu ihren Hälsen in dieser Brühe. Ihre Augen waren mit undurchsichtigen Brillen bedeckt und in ihren Ohren steckten Ohrenstöpsel. Wenn bei jemandem einer dieser Stöpsel herausfiel oder die Brille verrutschte, kreischte der Mensch sofort erschrocken auf, bis einige düstere Gestalten kamen und den Menschen mit einem flüchtigen Tritt zur Ruhe brachten, die Täuschungsmittel wieder anlegten und verschwanden ... Der Erwachte war am Rande der Verzweiflung. Schließlich sah er nun alles klar und deutlich, doch war er noch gefangen, denn er steckte weiterhin in diesem dickflüssigen Sumpf ... Anfangs zappelte er wie wild, wollte unbedingt raus aus diesem Tümpel, zerrte und zog mit aller Kraft ... und merkte nicht einmal, dass er sich dadurch nur fester und gefährlicher in das Pflanzengewirr an seinen Beinen verstrickte. Zu allem Überfluss kamen irgendwann aufmerksam gewordene Tierchen dieses modrigen Gewässers. Alarmiert fingen sie an, ihn zu beißen und zu kratzen ... In Panik geraten, wurde der junge Mann um ein Vielfaches hektischer und schrie um Hilfe, doch keiner hörte ihn ... Später fand er heraus und wusste, dass ihn etwas oder jemand ein Stück befreit hatte und nun sehen wollte, ob er es wert war, diese Hilfe erhalten zu haben. Daher musste der Jüngling aus eigener Kraft aus dieser Situation herauskommen ... Nach langer Zeit, als er schon fast am Ende seiner seelischen und physischen Kräfte angelangt war, blitzte es plötzlich in ihm auf ... Die gefährlichen, giftigen Tierchen und später auch die seltsamen, teuflischen Gestalten, die allesamt mit geballter Macht auf ihn einschlugen und versuchten, ihn an seinen Platz zurückzumanövrieren, glaubten schon an ihren Sieg. Aber, wie gesagt, der Geistesblitz überkam den Mann und ein ruhiges Lächeln nahm von ihm Besitz ... Dann änderte unser Held seine Strategie. Weißt du, was er gemacht hat? Gar nichts hat er mehr gemacht. Er ließ seine müden Beine, die trotz aller Mühe immer noch im Sumpf steckten, zur Ruhe kommen und ignorierte die wutentbrannten Tierchen völlig. Und auch die seltsamen Gestalten, die oberhalb des Gewässers schwebten, ließ er unberücksichtigt weiter auf sich eindreschen. Er hatte sich schließlich daran gewöhnt. Er sah einfach über alles hinweg. Jeden Schmerz glich er mit der Vorfreude aus, eines Tages frei zu sein, eines Tages seinen gerechten Lohn zu erhalten, eines Tages dem freundlichen Helfer, der ihn so weit aus dem stinkenden, modrigen Gewässer geführt hatte, gegenüberzustehen ... Ein unglaubliches Verlangen nahm, wie schon einmal zuvor, von ihm Besitz. Endlich wusste er, endlich verstand er, was wirklich um ihn geschah ... Zunächst war er sehr glücklich, aber er war auch sehr naiv. Er glaubte nämlich fest daran, alle Menschen retten zu können. Daher fing er an, jedem in seiner Nähe die Brille zu entreißen und die Ohrenstöpsel herauszuziehen ... Doch hatte er nicht daran gedacht, dass diesen Leuten noch andere Sicherungen angelegt worden waren: Man hatte sie vergessen lassen, dass sie ein Herz besaßen. Zwar sahen sie die Wahrheit, doch nahmen sie diese nicht an. Sie kniffen ihre Augen zusammen, drückten ihre Ohren zu und fingen an, lauthals zu schreien, bis die für die Betäubung verantwortlichen Wesen kamen und sie von ihren Qualen erlösten. Daher ließ er von ihnen ab und konzentrierte sich erneut auf seinen Weg durch den sumpfigen Ozean ... Er wurde älter, wurde weiser, wurde stärker und wurde unnachgiebig. Über all die langen Jahre, die verstrichen, hörten die Tierchen und Dämonen nur sehr selten auf, ihn zu quälen, aber manches Mal griff wieder eine helfende Hand ein und verscheuchte diese Wesen, sodass er verschnaufen konnte. In diesen kurzen Momenten erholte er sich halbwegs und verbeugte sich unendlich dankbar vor seinem Helfer. Und manchmal ... spürte er einen warmen, zarten Windhauch an sich vorbeiziehen, der ihn lieblich berührte und seine tiefen, brennenden Wunden kühlte. Der Mann wusste, jemand wollte ihm Mut zusprechen, ihm eindrücklich mitteilen, er solle nicht aufgeben. Denn täte er das so würde er bald schon wieder anfangen, in dem Dreck zu versinken. Das durfte nicht geschehen, unter keinen Umständen! Mit einer urgewaltigen Sehnsucht und Liebe hob er unendlich oft kurz vor dem Aufgeben mit einer unermüdlichen Entschlossenheit seinen Kopf, starrte geradewegs in die Augen der Teufel und machte ihnen klar, dass er sich nicht mehr einschüchtern lassen würde … Mit ruhigen Griffen suchte er von jener Zeit an in seiner unmittelbaren Umgebung nach festen, verlässlichen Gegenständen, wie aus dem Gewässer ragendem Felsgestein oder großen Pflanzen, und zog sich mit deren Hilfe vorsichtig voran … Oh ja, wie oft war er dabei zu ertrinken, und wie oft wiederum fand er später einen seichteren Weg, auf dem er sogar recht bequem voranschreiten konnte … Es ging immerzu hin und her. Manches Mal fühlte er sich wie ein Engel, frei und glücklich, und manches Mal wurde er gnadenlos auf den Boden der Tatsachen zurückgeholt. Und immer wieder ging er erneut seinem Weg nach … Denn er wollte seinem Helfer beweisen, dass er stark genug war, aus dem Tümpel herauszukommen. Er würde es schaffen. Das wusste er … All das machte ihn nahezu atemlos, weil der mittlerweile gereifte Mann merkte, wie unendlich schön, vollkommen, einzigartig und allumfassend der Unbekannte war … und um wie vieles diese Schönheit noch größer sein musste, als seine Vorstellungskraft zu fassen imstande war … Er musste ihn sehen! Er musste ihn finden. Irgendwie … Manchmal wollte er vor lauter Liebe nicht mehr aufhören, zu ihm zu sprechen… und manchmal senkte er beschämt wegen seiner Schuldhaftigkeit und Schlechtigkeit den Kopf. Und immer wieder flüsterte er seinem Helfer zu, dass er nicht aufgeben wolle, nur für ihn, für diese Sehnsucht wolle er die Leiden des Tümpels ertragen, um eines Tages für immer und ewig von seiner Liebe umschlossen zu werden …"

Die Seifenblase

Kuvvet und der Weise unterhielten sich. Und als das Gespräch sich seinem Ende zuneigte, verstummte der Weise und blickte Kuvvet warmherzig an.

„Immer, wenn ich dich in letzter Zeit sehe, Kuvvet, kommt mir eine meiner alten Geschichten in den Sinn."
„Um welche Geschichte handelt es sich?"
„Um eine Geschichte, die von einer ganz bestimmten Seifenblase erzählt."
Verwirrt schaute Kuvvet auf. „Eine Geschichte über eine Seifenblase?"
Der Weise nickte sachte. „Willst du die Geschichte hören?"
„Ja. Gerne."
„So erzähle ich sie dir."
Und der Weise erzählte.
Es war die Geschichte über die Weiterentwicklung im Sein.
„Einst gab es eine schöne, strahlende Seifenblase. Sie entzückte die Beobachter und entlockte ihnen ein fröhliches Lächeln.
Die Seifenblase dachte, ihre Schönheit und ihr einmaliges Erscheinen entzücke die Menschen. Dabei war es ihre Reinheit, die Unbeflecktheit und ihre Schutzbedürftigkeit, die den Menschen das Herz aufgehen ließ.
Dies erfuhr die Seifenblase von einem Besucher, aber sie verstand es noch nicht zur Gänze.
Doch die Seifenblase wurde älter.
Und der Glanz und die Reinheit ihres Selbst nahmen ab. Sie tauchte immer öfter in das Seifenwasser und stellte irgendwann fest, dass das Seifenwasser verbraucht war.
So machte sich die Seifenblase auf die Suche nach Seifenwasser.
Und sie fand bald eine schlammige Pfütze.
,Hier muss ich eintauchen, wenn ich überleben will', dachte sie sich traurig.

Ein spazierender Mensch kam vorbei und sprach besänftigend zu der Seifenblase.
‚Auch wir Menschen müssen häufig leiden und brennende Meere überwinden, wenn wir weiterleben wollen.'
‚Hab Dank!', rief die Seifenblase dem Menschen zu.
Und sie sprang in die Pfütze.
Als sie auftauchte, war sie nunmehr eine schlammige Kugel. Der Schlamm trocknete alsbald und die Kugel stellte fest: ‚Nach jenem Ereignis, nach jener Überwindung erhielt ich eine festere Hülle. Nun bin ich nicht mehr so zerbrechlich wie einst.'
Und der Wanderer sprach:
‚Nun bist du anders als gewöhnliche Seifenblasen. Der Schöpfer gewährte dir eine zweite Haut aus Erde, die dich nun besser vor der Umwelt schützt.
Auch bei uns Menschen gibt es viele mit einer festeren Haut. Sie erlangten diese durch Leid und Schmerz.
Doch bei dieser stärkeren Haut gibt es ein Geheimnis.'
‚Und was für ein Geheimnis soll das sein?'
‚Komm und begleite mich', riet der Wanderer.
Und sie kehrten zurück zu den Seifenblasen.
Die Seifenblasen standen vor ihrem Seifenwasser und beglückten die Zuschauer.
Als sie die Erdkugel sahen, grüßten sie diese.
Die Erdkugel war verwirrt.
‚Sie denken, ich sei nach wie vor eine einfache Seifenblase.'
‚Sie sind nicht so weit gekommen wie du, daher wissen sie nicht darum. Ihre Augen sehen nur, so weit sie sehen können. Ebenso verhält es sich bei den Menschen.
Sie sehen, so weit sie sehen können, und erkennen nur das, was sie selbst sind.'
Die Kugel bedankte sich bei dem Wanderer und zog nun durch die Lande.
Und sie merkte bald: ‚Ich mag eine festere Hülle nun mein Eigen nennen, doch bin ich innen nach wie vor hohl.'
Und die Kugel holte sich Blumen, Gras, Holz und Gestein. Und sie füllte ihr Innerstes.

Bald fühlte sie sich voll genug und ging weiter.
Sie begegnete erneut dem Wanderer.
Dieser erkannte, dass die Kugel auch innen gefüllt war, und er sprach:
‚Du hast dir nun innerlich Fülle und Sicherheit angeeignet. Bei uns Menschen geschieht dies durch das Aneignen von Wissen und die Ansammlung von Lebenserfahrung. Dies gibt uns mehr Gewissheit und Standfestigkeit in unserem Sein.
Und die Kugel ging weiter voran.
Und sie dachte sich: ‚Ich erreiche die Reife. Aber dachte ich, ich hätte sie erreicht, wäre das Unreife. Ich sehe nunmehr eine Kugel. Manche sind und bleiben einfache Seifenblasen. Das sind die meisten von uns. Andere haben wie ich festere Hüllen. Wir erkennen uns sogleich. Doch sehen sie meine innere Fülle nicht.
Sie sehen nur so weit, wie sie selbst sind.
Dann begegne ich Seifenblasen, die ebenso festere Hüllen und ein befülltes Inneres haben.
Wir erkennen uns.
Und heute weiß ich: Es gibt auch solche Kugeln, die weiter sind als ich. Sie erstrahlen, wenn ich sie sehe. Woher dies kommt, verstehe ich nicht.
Ich sehe so weit, wie ich bin.'
Und die Kugel ging weiter durch das Land, als sie zu überlegen anfing.
All die Reife gab ihr noch kein Strahlen.
Also fehlte das Wichtigste.
Und sie dachte:
‚Ich bin einmalig. Warum ist das so? Ich denke. Wie funktioniert das ohne Hilfe? ... Ohne Hilfe? ... Oder gar mit Hilfe? Gibt es jemanden, der mich schuf? Und mich so weit brachte? Wer ist er? Wie finde ich ihn?'
Und es kam ein Mensch vorbei, hörte sich ihre Leiden an und lächelte anerkennend.
‚Du suchst den Schöpfer, kleine Kugel. Er härtete deine Hülle, gab dir ein reiches Innenleben und führte dich zu sich.'

Die Kugel bedankte sich bei ihm und lernte von ihm, dem Schöpfer zu dienen.
Und nach und nach fing sie an zu erstrahlen.
‚So bin ich nun am Ende meiner Wanderschaft angelangt. Mehr braucht es nicht.'
Und ich sage dir, Kuvvet:
Gut ist von dem Schöpfer auferlegte Schwere, gut ist notwendige Schwere, töricht hingegen erzwungene, selbst auferlegte Schwere.
Was dir der Schöpfer gab, ob gut oder schlecht, ward letztlich gut für dich.
Was du dir selbst aufbürdetest, wenn es gut war, ward gut.
Und was du dir selbst aufbürdetest, wenn es schlecht war, war schlecht für dich."

Lehrt mich das Weinen

Kuvvet und der Weise unterhielten sich.
Alsbald kam ein Mann vorbei, leer und voll zugleich.
Er bat um ihre Aufmerksamkeit und sie ward ihm zuteil.
Er sprach:
„Ich will weinen lernen. Was ich auch tue, keine Tränen wollen von mir weichen."
Der Weise unterzog ihn einer sorgfältigen Beobachtung.
„Lerne zu empfinden."
Der Verzweifelte raunte: „Ich empfinde doch, ich empfinde doch. So vieles empfand ich. Gar vieles wütete in diesem Leib."
„So leide."
Der Fremde presste seine Faust gegen seine Brust. „Vor Schmerz zerbarst mein Herz mir fast."
Nun verstand der Weise.
„Also fehlen Liebe und Wärme."
Verwundert schaute der Gebeugte auf. „Was ist Liebe? Gibt es etwas dergleichen noch?"
Da schaute der Weise zu Kuvvet.
Sie sprachen schweigend.
Kuvvet sagte:
„Was wir uns nehmen lassen, können wir uns erneut zurückholen. Was man uns entreißt und stiehlt, können wir nach unserem Erstarken gemeinsam wieder zurückerobern."
Und der Weise sprach:
„Der Mensch schwindet und geht ein, wenn ihm die Liebe fehlt.
Zu leiden ohne Liebe ist wie der Rauch eines Feuers.
Er schwindet und keine Flammen können sich ausbreiten und brennen.
Zu empfinden ohne Liebe ist wie der Frühling ohne Sonne.
Die Natur bringt ihre Pracht nicht hervor.
Zu leben ohne Liebe ist wie zu leben ohne Luft.

Das Blut fließt leer und bringt den Organen kein Leben mehr.
So suche die Liebe, armer Freund, dem diese ward genommen
oder entrissen worden von anderen oder von sich selbst."
Wehmütig schaute der Berührte auf.
„Wo finde ich sie?"
Traurig rieb der Weise des Fremden Schulter. „In dir selbst."
„Dort finde ich sie nicht."
Kurz verstummte der Weise und bedacht deutete er auf das Herz
des Erloschenen.
„Dieses Herz muss erneut zum Leben zurückkehren."
„Wie geht das?"
„Es muss auftauen und den eisigen Fels sprengen."
„Zeige mir den Weg dazu."
Lächelnd fing der Weise nun an, aus dem Koran zu rezitieren.
Und der Fremde weinte. Weinte herzzerreißend.
Und er lachte. Lachte seelenerfrischend.
„Der Koran?", fragte der Fremde.
„Allahs Buch. Ja."
Voll neuem Leben stand der Entschlossene auf.
„Viel habe ich gelitten. Ich musste hart werden. So will ich nun
von Allah lernen, wieder Mensch zu werden.
Er gibt mir Wert.
Er wird mich nicht allein oder im Stich lassen.
Ich will wieder Mensch sein.
So selten wohl wahrhafte Menschen noch sind.
So lasst mich erneut Mensch werden.
Habt Dank.
Und nun werde ich hasten in die Seligkeit.
Und nun werde ich trinken das Wasser des gleißenden Lichtes
der Erhabenheit.
Macht es gut und seid gewiss:
Mich vergräbt man in des Feuers Gluten so einfach nicht.
Nur ein kurzer Lichtblick, habe ich gebraucht,
Fortan ich mir selbst mit Allah Frieden eingehaucht.
Ich werde wieder zu mir finden
Und fortan soll all mein Leid schwinden."

Des Menschen Lebensweg

Kuvvet und der Weise unterhielten sich.
Der Weise sprach.
„Kennst du den Pfad des Menschenlebens?"
Kuvvet verneinte. Der Weise hob belehrend seine Hand.
„Der Mensch geht durch das Leben auf einem Wege, der so dünn ist wie ein Haar, aber so fest, dass er eisern und unzerbrechlich ist.
Der Mensch lernt im Laufe des Lebens, auf diesem Pfad einigermaßen sicher zu laufen.
Kommt ein Windzug, so kommt er womöglich aus dem Gleichgewicht.
Erzittert der Pfad, kommt er womöglich aus dem Gleichgewicht.
Zieht ein Unwetter auf, kommt er womöglich aus dem Gleichgewicht.
Erschwert sich der Weg durch Regen oder Eis, kommt er womöglich aus dem Gleichgewicht.
Und immer wenn er aus dem Gleichgewicht kommt, leidet er.
Krankheit, Schmerz, Leid, Unglück, Trauer und vieles mehr … eben alles, was das Leben dir zufügen kann.
Und dabei wird jedem eine Strecke vom Schöpfer zugeteilt, wie er zu gehen imstande ist.
Sehr viele haben einen relativ ungefährlichen Weg vor sich.
Doch kommt ein tobendes Unwetter, fallen sie womöglich von ihrem Weg.
Und fällt man einmal, findet man kaum zurück.
Man erholt sich schwer davon.
Dann gibt es solche, die von Anfang an hin und her geschüttelt werden.
Diese lernen: Nicht nur mit den Füßen, sondern auch mit den Händen muss ich mich manchmal an meinen Lebensweg klammern.
Und kommt dann ein großes Gewitter, so kommen sie nicht von ihrem Weg ab.

Diese sind hart im Nehmen.
Und was ist mit wahrhaft Gläubigen?
Auch hier gibt es verschiedene Lebenswege.
Aber wenn ein Gewitter sie prüft, wissen sie:
Ich darf die Hoffnung auf bessere Zeiten nicht aufgeben.
Ich weiß, der Schöpfer gibt dem Leid, der einen starken Rücken hat.
Ich weiß, der Schöpfer gibt nur so viel Leid, wie man zu tragen imstande ist.
Ich muss geduldig ausharren, bis bessere Zeiten kommen.
Ich muss kämpfen, mit mir und der Welt.
Und ich weiß, der Schöpfer wird mich für meine Mühe belohnen.
Mit diesen Grundgedanken vermag der Gläubige, welchen Weg er auch ging, geht oder gehen wird, niemals aufzugeben.
Weder die Hoffnung noch den Willen zu siegen.
Aber manche Menschen gewöhnen sich nie an den schmalen Lebenspfad, da sie keine argen Schwierigkeiten durchlebt haben.
Und andere werden zu Akrobaten, da sie hart trainiert wurden. Sie wissen: Dieser Pfad ist ein Spiel und prüft ihr Aushaltevermögen. Und am Ende des Weges werden sie entweder belohnt oder bestraft.
Und du selbst weißt, weshalb."
Kuvvet nickte. „Je nachdem ob ich nun das Gute wählte oder den Pfad des Bösen. Denn hin und wieder kommen Verzweigungen und ich muss mich zwischen dem besseren oder schlechteren Weg entscheiden."
„Wahrlich, demnach sei bedacht bei deinem Tun und gehe immer auf den richtigen, lichten Weg zu."
Kuvvet lächelte. „Wohin sonst? Könnte ich denn ohne das Licht leben oder atmen? Sie sind mein Lebensinhalt geworden."
Der Weise lachte warm. „Was würdest du über solche sagen, deren Lebensinhalt dieser dünne Pfad ist? So verwunderlich das auch sein mag, bei sehr, sehr vielen Menschen ist das so. Und wahrlich erkennen werden sie ihre Torheit erst im Jenseits."

Wo wir stehen

Kuvvet und der Weise spazierten an einem Berg vorbei. Der Weise deutete darauf und sprach zu Kuvvet: „Sag mir, wo steht wohl der Mensch?"
Kuvvet überlegte nicht lange. „Auf der Spitze steht der Mensch ..." Doch dann hob sie verwirrt ihr Haupt an.
„... oder in der Mitte ... oder ganz weit unten." Sie schaute zum Weisen. „Sagen Sie, wo steht der Mensch nun wirklich?"
Der Weise lachte. „Er steht ganz oben ... und gleichzeitig ganz unten." Er faltete die Hände hinter dem Rücken und blickte, leicht den Kopf schüttelnd, zum Berg.
„Der Schöpfer machte den Menschen zum höchsten Geschöpf und gleichzeitig zum Niedersten. Du kannst selbst Engel überholen oder deinen Wert anhand einer Stechmücke bemessen. Es kommt dabei auf eine Sache an: Wer dein Freund und Weggeselle ist. Hältst du fest am Schöpfer, so kannst du in große Höhen emporwachsen, doch ist der Teufel dein Freund, so bist du nah dran, alles an Wert zu verlieren, und stehst im anderen Reich allein auf dem Wege zu den Flammenwogen. Und die, die dem Schöpfer nahestehen, werden auf ewig belohnt im Paradies. Und wisse: Du wirst nur bekommen, was du auf dich geladen und verdient hast. Dort wird es keine Ungerechtigkeit geben."
Kuvvet deutete auf den Berg. „Und was, wenn man in der Mitte stünde?"
Der Weise lächelte. „Die meisten Menschen sind im Grunde gut, doch begehen sie viele Sünden. Sei es aus Schwäche, aus Unbelehrbarkeit oder Torheit.
Es gibt wenige wirklich Gute.
Und wenige wirklich Schlechte. Die Menschen, also die Gewöhnlichen, stehen zwischen gut und schlecht.
Und sie sollen sich immer zum Guten wenden und versuchen das Böse von sich fernzuhalten.

Und bedenke: Nur mit dem Gebet zu dem Schöpfer und deiner Dankbarkeit Ihm gegenüber kannst du deine Seele und dein Herz sättigen und zufriedenstellen. Denn so wie dein Körper Nahrung braucht, braucht auch deine Seele Nahrung. Somit vertiefe dich in die Huldigung deines Schöpfers."

Die Perle

Der Weise sprach belehrend zu Kuvvet:
„Wisse, Kuvvet, ein jeder Mensch besitzt eine Perle.
Dabei gibt es zweierlei Menschenarten, die sich im Umgang mit der Perle unterscheiden ... wobei es eigentlich drei Menschenarten geben sollte und gerade die kostbare dritte Art ist heute noch äußerst rar."
Kuvvet ließ diese Worte in Ruhe auf sich wirken und sprach dann: „Mögen Sie genauer erläutern, welche Weisheit hinter dieser Aussage steht."
Der Weise blickte kurz auf und suchte in der Ferne, bis er antwortete: „Heute lassen die meisten die Perle verstauben und verkennen ihren Wert.
Einige andere hingegen setzen die Perle auf eine unglaublich ausgeschmückte Brosche.
... Betrachte nun beide Perlen.
Beide sind nicht mehr das, was sie waren.
Die einen nehmen ihr ihren Wert, wie sie meinen.
Die anderen geben ihr den gebürtigen Platz, wie sie vermuten.
Doch merken beide nicht: Die Perle bleibt, was sie ist.
Die einen sehen sie staubig und veraltet.
Die anderen prachtvoll und die Sinne raubend.
In beiden Fällen sehen sie die Perle nicht mehr als das, was sie ist.
Und die dritte Gruppe versucht, die Perle anzunehmen, wie sie ist.
Rein, wahrhaftig und ehrenvoll – die größte Tugend und Güte.
Sie pflegen und ehren sie und nehmen sie als Begleiter an jeden Ort mit. Das ist wahrhaftig.
Die Perle in ihrer natürlichen Form ist rar geworden, Kuvvet ... sie wird entweder verkannt oder vergöttert auf prachtvollste Art.
... Diese Perle jedoch strebt weder nach dem Tod noch nach Überheblichkeit. Diese Perle ist einfach und rein, eine Kostbarkeit für sich.

Warum nur beließ man ihr nicht ihre Natur?
Unsichtbar machen kannst du sie nicht.
Und je mehr du ihr hinzufügst, um ihre Pracht unübertrefflich zu machen nach deiner Vermutung, desto mehr entfremdest du ihren Schein; umgeben von atemberaubender Pracht von ihrer wahren Natur.
Somit musst du, Kuvvet, lernen, beim Umgang mit dieser kostbaren Perle ein sensibles Gleichgewicht zu bewahren, und sie einfach sein lassen, wie sie ist.
Denn nicht der Staub an dieser Perle nimmt ihr den Wert.
Und auch die hinzugefügten, starren Kostbarkeiten drücken nicht aus, wie kostbar sie in Wahrheit ist.
Die Perle allein – ganz gleich was Menschen bar Wissen und Verständnis mit ihr machen – trägt einen unschätzbaren Wert.
… Und der Schöpfer wird eines Tages unter uns allen richten, wie wahrhaftig und rechtens unser Umgang mit dieser Perle war … Diese urgewaltige Verantwortung ist sicherlich nicht jedermanns tragbare Bürde."

Das Fernrohr

Der Weise sprach zu Kuvvet:
„Kennst du das Fernrohr, das fähig ist, das Licht des Schöpfers sichtbar zu machen?"
Kuvvet verneinte. Der Weise lächelte darauf etwas schmerzlich.
„… Das kannst du auch nicht.
Um dieses Fernrohr wissen nur wenige Menschen.
Denn die meisten Menschen begnügen sich mit der Nahrung, die ihre Vorgänger ihnen vorgelegt haben.
Man erzählt auch heute noch von dem ewigen Licht.
… Aber niemand sucht es.
Denn niemand glaubt noch daran, dass es Wunder und Licht im Leben gibt. Sie alle denken, diese Zeiten seien längst vorbei. Es gäbe nur noch verdeckt und äußerst selten Unglaubliches.
Und das Wissen um dieses Fernrohr ist in Vergessenheit geraten."
Kuvvet überlegte. „Wir sollten den Menschen davon erzählen. So würden wir ihnen doch einen Beweis für des Schöpfers ewiges Sein darbringen."
Der Weise verneinte sachte: „Das geht leider nicht. Denn zeigtest du ihnen auch das Fernrohr, die Menschen heutiger Zeit würden nichts darin sehen.
Denn dieses Fernrohr hat ein Geheimnis: Es ist sehr, sehr groß und in Schäfte getrennt.
Jede Person besitzt im Grunde ein solches Fernrohr.
Doch verstaubt es bei den meisten, da diese die Gerätschaft nicht mehr wahrnehmen.
Kennst du jedoch das Fernrohr, so versuchst du die Schäfte gleichmäßig zu setzen, sodass das Fernrohr die Sicht auf das Licht freigibt.
Einige Schäfte sind Vorurteile, die die Sicht versperren.
Andere Schäfte sind die beeinflussenden, einschränkenden Mitmenschen und die Umwelt.
Viele andere Schäfte sind die eigenen groben Fehler.

Manche Schäfte sind der Teufel, die Triebe, die Unwissenheit, die Tugendlosigkeit und so manches mehr.

Wohl die größten Menschen schaffen es, aus ihrem Fernrohr einen kleinen Strahl des Lichtes zu erhaschen.

Doch hat es je ein Mensch geschafft, aus seinem Fernrohr das Licht ganz und gar zu sehen? Der Schöpfer allein weiß darum.

Wir hingegen sollten uns einzig darum kümmern, das Fernrohr in Angriff zu nehmen.

… Der Schöpfer leite hierbei unsere Herzen und leite uns auf unserem Weg, der zu Ihm führen möge."

Das Leben und der Tod

Kuvvet und der Weise sahen die Sonne untergehen.
Lange sah der Weise diesem Geschehen würdig und ernst zu, bis er zu sprechen begann.
„Siehst du das Licht, das uns erreicht, und das Rot, welches die Sonne umgibt?"
„Ja."
Der Weise lächelte. „Dies ist eine kurze Wahrheit, die uns erreicht. Das Licht ist die Ewigkeit. Das Rot ist vergänglich. Die Seele ist ewig. Das Blut sterblich."
Kuvvet hob während ihrer Beobachtung langsam ihre Augenbrauen an. „Was ist mit den anderen Farben? Auch sie mögen wohl eine Bedeutung haben."
Der Weise bejahte. „Halte dir einen Regenbogen vor Augen. Er stellt eine Botschaft dar. Der Ordnung folgt nach Gelb und Rot die Farbe Grün. Dies ist die Natur: das Gras, die Blätter an den Bäumen und die Blumen. Sie liegen dem Leben am nächsten. Daraufhin kommt die Farbe Blau: die Ozeane, die Meere, die Seen. Sie stehen an vierter Stelle."
Kuvvet lächelte. „Geht es noch weiter?"
Der Weise nickte. „Was fehlt?"
„Die Farbe Schwarz."
„Der Schöpfer errichtete aus dem Dunkel das Leben. Aus der schwarzen Erde wächst die grüne Pflanze heran. Was nun?"
Kuvvet fixierte einen unsichtbaren Punkt vor sich.
„Der Regenbogen, der vor den grau-schwarzen Wolken erscheint … Das Feuer, das schwarze Asche zurücklässt …" Die Antwort war zum Greifen nahe, bis ein Geistesblitz sie durchfuhr.
„Schwarz steht für den Tod. Das Bunte für das Leben. Und beide holen sich die Kraft zur Existenz voneinander, was heißt …"
Sie schaute mit einer großen Überraschung zum Weisen auf.

„… dass das Darüberstehende ewig ist … es holt die Lebenskraft aus sich selbst …"
Der Weise hob seine Hand nun abwehrend an. „Mehr geziemt es sich für uns nicht, zu erörtern.
Der Schöpfer ist ohne Anfang und ohne Ende.
Dies ist die Wahrheit, die nicht mehr an Beweiskraft braucht."

Das Wissen

Kuvvet und der Weise gingen andächtig auf dem Wanderweg durch das weitläufige Tal, blieben vor einer großen Wiese mit kniehohen, wild wachsenden Pflanzen stehen und betrachteten, wie der Wind diese sanft wiegte.

Der Weise blickte sanft auf diese friedvolle Landschaft um dann seine Augen sachte in die Ferne zu lenken. Er sprach nachdenklich zu Kuvvet.

„… Es gibt ein kostbares Gut … Höre, dies ist das Wissen.

Wissen ist Erlösung. Wissen ist Heilung. Wissen ist Befreiung von Leid und Schmerzen.

Wissen erhältst du durch das Suchen der Wahrheit, das Nachdenken und den Willen das Dasein zu verstehen.

Lerne – lerne ein Leben lang, Kuvvet.

Bilde dich in all den Dingen, für die du brennst.

Denn ohne Bildung wird dein Weg weitaus beschwerlicher sein.

Je mehr Wissen du besitzt, desto leichter wirst du im Leben vorankommen.

… Lerne über die Welt und lerne über das Sein, was du zu lernen vermagst.

Dadurch wirst du mehr verstehen und deine Seele geduldig in Schritten heilen.

… Denke immer mit, wer dir auch gegenüberstehen mag.

Überlasse das Denken nicht den anderen: Darin liegt Gefahr, vergiss das nicht."

Ein Vogel

Kuvvet stellte dem Weisen eine Frage:
„Sagen Sie mir, was bin ich in Ihren Augen?"
„Ein Vogel."
„Ein Vogel?"
Ein Lächeln umspielte seine Lippen. „Ja, ein Vogel … Dazu musst du wissen: Einen Vogel kann man einsperren. Einen Vogel kann man fest umklammern und dadurch verhindern, dass er seine Flügel ausbreitet und sich von der Erde erhebt … Aber man kann nicht erwarten, dass er Wurzeln schlägt, wenn man ihn in die Erde einbuddelt. Nein, ganz gewiss nicht. Der Vogel wird sich ausgraben und erneut in die Lüfte aufsteigen … Völlig unabhängig davon wie oft man ihn wieder herunterholt und zu mäßigen versucht, er wird sich jedes Mal zu befreien wissen und erneut mit dem Himmel verschmelzen."

Der Grashalm

Kuvvet und der Weise standen inmitten einer Wiese.
Sachte kniete sich Kuvvet herab und pflückte ein Gänseblümchen und einen Grashalm.
Diese überreichte sie dem Weisen.
Lächelnd setzte sich Kuvvet, senkte ihren Kopf und stützte das Kinn auf die Arme, die auf den Knien ruhten, und schaute vor sich hin.
„Ich halte mich für keine Blume. Ich bin ein Grashalm. Mag sein, dass ich nicht so verziert bin und nicht das liebste Stück der Natur." Sie deutete auf die Landschaft.
„Doch sehen Sie nur. Gerade der einfache Grashalm, dem man wenig Wert zuordnet, ist, vereint mit seinesgleichen, so schön.
Gerade das Grün belebt die Seelen und tröstet uns.
Augenfällig sind sicherlich die Blumen. Doch wie schön wären sie inmitten von Dürre?
Ebenso verhält es sich mit den Blättern der Bäume. Und vielleicht ist gerade das, was wertlos erscheint, von größtem Wert.
Nein. Lasst mich keine Blume sein.
Lasst mich Leben sein."
Vage hob der Weise die Hand, mit der er die Pflanzen hielt.
„Vergleichen Muslime den Propheten Mohammed, möge er in Frieden ruhen, nicht mit einer Rose? Was sagst du dazu?"
„Der Prophet führte das Leben eines Grashalms. Und er pries dies immer wieder an. Er verschmähte Reichtümer und führte ein einfaches Leben. Nur die Menschen um ihn stellten den Vergleich. Für ihre Begriffe war die Rose die rechte Analogie. Reicht Ihnen das?"
Der Weise verneinte. „Das ist nicht die ganze Wahrheit."
Sie überlegte und lächelte bald darauf.
„Vielleicht war er doch eine Rose. Nur eine Rose, die wie ein Grashalm lebte."

Der Kompass

Der Weise sprach zu Kuvvet.
„Staube deinen Kompass ab. Hauche ihm erneut Leben ein."
Kuvvet überlegte kurz. „Ich ersuche Sie mir diese Aussage näher zu erklären."
Der Weise lächelte sachte. „Mithilfe von Wissen, Gedanken und verinnerlichter Wahrheit holst du deinen Kompass aus der unwissenden Dunkelheit hervor. Er wird dir dann stets deinen Weg leiten.
… Du bist nur für dich verantwortlich vor dem Schöpfer: Das, was du an Gutem oder Schlechtem tust für dich oder andere.
Nur das heißt nicht, dass du dein Leben ganz und gar nach außen ausrichten sollst.
Sei gut, sicher.
Aber kehre dich nach innen, zu dir selbst.
Wolltest du die Welt zufrieden stellen, egal, ob sie gut sei oder minder, du verlörest dich selbst.
Kehre zurück zu dir, verirre dich nicht in der Welt der Meinungen und Erwartungen verschiedenster Art.
Auch du bist des Schöpfers Werk.
Auch du besitzt den rechten Kompass in dir.
Höre nicht auf solche, die sagen, ‚Tu dies, tu jenes' – die dir befehlen.
Höre auf solche, die dir Rat geben, und erwäge immer selbst dein Rechtes.
Lerne, das Dasein zu verstehen, und verinnerliche Wahrheiten von überall, sodass dein Kompass erneut zu wirken beginnt und du aus deinem Schlaf erwachest."

Das Band zu Allah

Eines Abends sprach der Weise zu Kuvvet über das Band zu Allah.
„… Das Band zu Allah ist unzerbrechlich. Dabei ist jenes Band zu Allah dein Herz.
… Dein Herz ist dein Kompass im Dasein. Und dein Kompass ist ein äußerst sensibles Netzwerk aus reinen Gefühlen, Wissen, Verständnis und Erkenntnis, das du im Laufe der Zeit zuverlässig bilden musst.
Nutzt du dein Herz aufrichtig und richtest dich nicht nach außen zur Welt, um von ihr umhergeschleudert und in alle Himmelsrichtungen gerissen zu werden, sondern richtest du dich zu deinem Herz, dem Kompass, so wirst du nicht untergehen und dich verlieren.
Ganz gleich, welche Art von Chaos dich umgibt, dein Kompass wird dich führen. Lasse dich leiten von deinem Herzen, deinem Zentrum, das die Liebe zu Allah und die Ehrfurcht vor Ihm bildet.
… Sodann vermag dein Band zu Allah nichts mehr zu brechen."

2. Kuvvet

Es keimte ein Wunsch in Kuvvet auf.
Sie wollte die Reife und Weisheit suchen.
Sie offenbarte diesen Wunsch dem Weisen.
Dieser war erfreut.
Und er sprach:
„Du suchst die Vollendung.
Mein Rat an dich ist:
Lebe mit offenen Augen.
Und denke und halte fest, was du gedacht und gefunden hast.
Und so sei dein Glaube an Allah dein Wegbegleiter und Wegweiser.
So gehe, Kuvvet. Gehe und kämpfe für Allah."
Kuvvet schwieg noch ruhig. Dann senkte sie stumm ihr Haupt und sprach für die Ewigkeit:
„Ich gehe, werter Weiser … Und ewig soll meine Suche sein."
Kuvvet tat, wie empfohlen. Lasst uns gemeinsam sehen, was ihr geschah und was sie lernte …

Der Sänger

Eines Abends hörte Kuvvet beim Spazieren aus einem offenen Fenster eines anliegenden Hauses laute Musik.
Ungewöhnlicherweise blieb sie stehen und lauschte wie gebannt der Melodie und dem schmerzlichen Text.
„Wer ist's, der leidet, so ganz und gar?" Und sie ging in ihr Heim und setzte sich ruhig hin.
„So lasst mich eintauchen in seinen Geist und lasst ihn erzählen …"

„Ich brauche Liebe", sagte der junge Mann.
„Was ich auch tat, mein Innerstes verzehrte sich nach echter Liebe.
Ich suchte.
Überall.
Kurze Liebe fand ich manchmal.
Doch wollte ich beständige Liebe.
Und ich suchte.
Überall.
Doch es war so sonderbar.
Einmal liebte ich ohne Angst und Zweifel.
Man brach mir das Herz, eine Frau, die mir das Herz brach.
Oden, Gedichte und Lieder schrieb ich über diesen Schmerz.
Ich schrie mein Leid heraus!
Ich beweinte mein unsichtbares, strömendes Blut!
Man entdeckte mich …
Man machte mich zum Sänger der Moderne …
Menschen, die mich umgaben, waren so oberflächlich …
Sie waren Freunde meines Erfolgs …
Ich blieb allein …
Ich blieb allein!
Warum?
Warum nur blieb ich allein?
Ich brauchte Liebe …

Nur Wärme …
Warum lässt man mich hier allein? …
Noch einmal verliebte ich mich.
Sie liebte meinen Erfolg …
Als sie mich sah, den Schmerzerfüllten, lachte sie nur und ging davon.
Ich war nackt!
Wohin?
Sage mir doch irgendjemand, wo soll ich hin?
Mein Schmerz macht mich erfolgreicher!
Meine Lieder haben tolle Melodien!
Wo sind Freunde?
Wo noch Herz?
Was wollt ihr?
Soll ich zu Stein werden?
Wer bedrängt mich …?
Ich suchte nach Liebe.
Ich verlor die Hoffnung.
So holte ich mir, was man mir geben wollte.
Meine Freunde waren die Whiskeyflasche, oberflächliches Fleisch im Schlafzimmer neben mir und meine Tiefen.
Meine Tiefen, wenn man mich allein ließ.
Für wen haltet ihr mich?
Sagt, für wen?
Ist deine Ordnung gut? Mein Chaos schlecht?
Ich wollte nur Liebe.
Ich wollte nur Liebe!
Oft zertrümmerte ich meine Einrichtung.
Neue wurde mir gebracht.
Und je schlechter es mir ging, desto erfolgreicher wurde ich.
Leere Gesichter jubelten mir zu.
Immer wieder.
Ich sah nur noch die Umrisse.
Ich wollte nur Liebe.
Ich bekam keine Liebe.
Ich schwamm im Geld.

Marken- und Designerklamotten ...
Teure Autos ...
Wertvoller Schmuck ...
Schöne Frauen, die sich nach mir verzehrten ...
Man beneidete mich ...
So viele waren mir feindlich gesinnt ...
So hasst mich!
Hasst mich!
Ich hasse euch nicht ...
Macht, was ihr wollt ...
Macht nur, macht ...
Und eines Tages stand ich vor dem Spiegel.
Und während ich mich forschend anstarrte, zersprang der Spiegel in unendlich kleine Teilchen.
Es war, als sei die Zeit plötzlich zähflüssig geworden.
Ich sah nahezu alle Scherben, Millionen einzelner Stückchen, die sich vom Ganzen lösten, aufatmeten, vielleicht erst atmeten.
Die dem einstig Ganzen Dank und Lebewohl zuriefen und ihre Wege gingen.
Mein Gesicht war starr.
Nun sah ich einzig die kahle Wand vor mir.
Mechanisch senkte sich meinen Kopf, fast ohne Befehl.
Die Sonne strahlte goldenes Licht in das Badezimmer.
Diamanten glühten auf.
Und das Rot meines Blutes, das sich am Waschbecken auf diese Scherben ergoss, beschmutzte sie nicht.
Keiner würde sich fortan, da die Scherben sich ihrer bewusst geworden waren, dem Spiegel von einst erneut zuwenden.
Nun sah ich Rubine und Diamanten, funkelnd mir Mut zusprechen.
Was meinten diese doch eigentlich Zerstörten?
Sie waren gar nicht zerstört.
Nur der Mensch urteilt gerne nach seinen Auffassungen.
Nur eine neue Form, eine neue Art, ein neues Dasein war entstanden.
Egal, ob der Mensch sie mag oder nicht.

Und dann sah ich etwas auf manchen Spiegelstückchen erstrahlen.
… Was war das?
Fast heilig war dieses Licht.
… Wer bist du?
Mein Herz, ich verstand es nicht mehr.
Sonderlichste Rhythmen gingen von ihm aus.
Was hast du, Herz?
Langsam hob ich meine blutige Hand, betrachtete sie neugierig, erkannte ein leichtes Zittern und ließ sie auf meiner Brust ruhen.
Beruhige dich, Herz …
Ist doch gut …
Ist schon gut …
Dann spürte ich Metall.
Mein Herz machte einen schmerzhaften Sprung.
Alle Flächen, Ecken, Kanten und Farben wollten schwinden.
Macht, was euch richtig erscheint …
Ich griff nach jenem Metallstück.
Es war mein Kreuz.
Ich ließ mich auf den Boden sinken und nahm jene Kette ab.
Es war, als sähe ich sie zum ersten Mal.
Gott … und Jesus …
Ja. Ich bin Christ.
Christ?
Ich … bin Christ.
Ich … wollte … Liebe … so sehr? …
Zum ersten Mal in meinem Leben betete ich bewusst und von Herzen.
Fadenartig rannen Tränen herab und tropften auf meinen Leib.
Mein Herr ist da. Gott, du bist da.
Beschütze mich …
Ich kann nicht mehr …
Ich bin am Ersticken …
Mein Schöpfer!
Wirst du mir Liebe schenken?
Darf ich dir vertrauen?
Ich brach zusammen.

Und Gott war bei mir.
Er gab mir Kraft.
Nie hatte man mich den Glauben richtig gelehrt.
Selbst fand ich ihn.
In großer Not ...
Der Herr ist groß.
Er ist mein Alles seither."

Kuvvet sprach: „So höre!
Wer weiß denn heute, wer ist, wie du bist, wenn du bist, wie alle sind und ob du einfach nur eine aussterbende Sorte Mensch bist, die man nicht mehr sieht?
Einer unter Hunderten oder Tausenden, die wollen, was sie haben, bis auf dich?
Wer soll dich da finden?
Wer außer dem Schöpfer, so sag es mir, wer?
Und so ging es weiter, bis der Spiegel zerspringen musste ..."

Lohn und Strafe

Kuvvet ging eines Tages in einem ruhigen Dorf spazieren. Als sie sich auf das angrenzende Tal zubewegte, sah sie eine junge Frau, die verzweifelt und unglücklich zu dem Schöpfer betete. Kuvvet hörte ihre Worte im Vorbeigehen.
„… Herr, bitte mach, dass diese Schmerzen und das Leiden endlich enden. Herr, ich ertrage das nicht, es ist alles so schwer …"
Kuvvet blickte die junge Frau, wie sie unter einem großen Laubbaum stand und gen Himmel schaute, still an, bis Kuvvet sich dann sachte entschloss auf die Frau zuzugehen.
So hörte sie sich den Kummer der jungen Frau aufmerksam an und blieb lange Zeit schweigsam bei ihr, teilte ihre Leiden und kam ihr warm entgegen.
Als die junge Frau alles mitgeteilt hatte, lächelte Kuvvet sanft, blickte eine Weile stumm vor sich, um dann mit ernsten Zügen zu ihr zu sprechen.
„… Was du nicht erkanntest, gute Frau: Du wolltest vorschnell eine Lösung erzwingen.
Du nahmst das Leid nicht an und sahst es als eine Qual und Folter. Du wolltest dich mitnichten in Geduld üben. Nach all den Jahren des gemäßigten Lebens brachte dich etwas Prüfung ganz und gar aus der Fassung.
Du sahst das Leid als eine Strafe und als gar so völlig ungerecht.
So höre mich an:
Leid ist zweierlei. Für die Unwissenden und Ungläubigen ist es eine Strafe.
Es ist eine Strafe, da sie nicht an einen Schöpfer glauben. Dies liegt darin begründet, dass sie nicht eingeweiht sind in die tieferen Wahrheiten des Glaubens. Und da sie nicht um diese tieferen Wahrheiten wissen, engt Leid sie ein.
Schließlich glauben sie nur an das Erdenleben oder sind dem Dasein gegenüber gleichgültig eingestellt. Und aus diesem Grunde

wünschen sie sich nichts mehr als ein schönes, erfülltes Erdenleben in Glück und Gesundheit, solange es geht.
Die Ungläubigen oder Unwissenden leben nach dem Zufallsprinzip und tun alles in ihrer Macht, damit es ihnen auf Erden gut ergeht.
Wenn nun schweres Leid sie überfällt, dessen Schwere für jedes Individuum in anderen Belangen und Bereichen liegt, so fühlen sie sich bestraft.
Höre: Der Schöpfer allein weiß, was für dich Leid darstellt.
Vielleicht fürchtest du nicht das Feuer, aber es wird immer etwas geben, das du nur schwer ertragen kannst und das dein persönliches Feuer darstellt. Nimm an, Allah ließe jemanden ein solch schweres Leid überkommen, so leidet der Ungläubige und Unwissende darunter. Egal wie er es auch dreht und wendet, einen schweren Schicksalsschlag wird er mit Unwillen und Bedrängnis empfangen.
Er wollte immer alles gut und vollkommen haben, aber das war nicht immerzu möglich.
Also war er oft unzufrieden und mit dem Leid vertiefte sich sein Unglaube.
Denn er wollte, desto mehr unwissende Erfahrungen er machte, immer weniger nach der Wahrheit suchen und stattdessen wurde er in seinem Unwissen und Unglauben bestärkt.
Doch er kannte ja die Wahrheit nicht ...
Um diese zu kennen, müsste er die Wahrheit suchen.
Und um die Wahrheit zu suchen, müsste er ein Wahrheitsliebender sein.
Und um wahrheitsliebend zu sein, müsste er ein Wahrhaftiger sein.
... So höre mir nun aufmerksam zu, denn ich erkläre dir hier und jetzt, wie ein Gläubiger dem Leid begegnet.
Ein Schicksalsschlag ist für einen Gläubigen auch nicht immer leicht zu ertragen.
Doch er weiß, dass das Gute wie auch das Üble von dem Herrn der Welten stammen, um die Menschen zu prüfen und die Rechtschaffenen von den Missetätern zu trennen.
Die Welt ist nun einmal der Prüfungsort der Menschen.

Mit dem Schlechten und dem Üblen sollst du das Gute und Rechte davon unterscheiden können, für dieses Gute ehrliche Dankbarkeit zeigen lernen und dessen Wert erkennen, wenn es fehlt.

Mithilfe des Leides lernt der Gläubige, im Sein zu kämpfen und sich zu bemühen und die Leiden aufrichtig und geduldig auszuhalten. Denn er hofft dadurch, diese Prüfung vor Allah zu bestehen und vor Ihm einen besseren Rang zu erlangen und sein Wohlwollen zu erreichen.

Ebenso zehrt er mitunter an dem Leid gleich einem heiligen Wein, der ihn stärkt, stählt und erhabener und weiser werden lässt.

Gläubige sehen das Leid als ein Geschenk Allahs an seine Diener, die Er besonders schätzt, da sie bei Bewältigung des Leides großer Lohn erwarten wird. Ebenso bürdet der Herr denjenigen viel auf, die viel tragen können, so gebe man niemals auf.

‚Entweder ich besiege das Leid und werde dem Herrn würdig oder aber mein letzter Atemzug sei verwirkt', sagt der Gläubige. Er sucht nach Lösungen, nach Methoden, die das Leid erträglich machen, oder er sucht angestrengt nach Antworten.

Denn er weiß, dass Allah ihm seine eigene Prüfung überließ, und diese lässt er sich von niemandem wegnehmen. Denn der Gläubige will sich vor Allah beweisen und Ihm zeigen, wie sehr er kämpfen und wie schwer er tragen kann.

Schließlich lebt er nur einmal und auch wenn die Welt nichts von all den Schlachten seiner Innenwelt weiß, so weiß Allah um jedes Detail.

Dies ist auch das Einzige, was zählt.

Er fordert nichts heraus, doch Allahs gesandte Prüfungen nimmt er ohne große Beschwerden an.

Er brennt, lodert lichterloh, doch dieses Feuer ist nicht mit Säure und Ohnmacht versetzt, sondern mit einer Hitze aus der Tiefe der Seele.

Er kämpft, er hofft, er wartet, er leidet erhaben und das innere Feuer beflügelt ihn.

Er liebt den Schöpfer und erhofft und ersehnt das Gute, das ihn bald erreichen mag.

Mehr und mehr taucht er ein in dieses wogende Flammenmeer und achtet nicht auf die Verletzungen, die ihm widerfahren.

Denn letztlich ist das Feuer des Glaubens, diese endlose Sehnsucht und Liebe zu Allah, so groß, dass das Brennen des Leides manchmal eine Genugtuung darstellt, die die allgegenwärtige Hitze des Glaubens nahezu kühlt.

Denn während er sich mit dem Leid auseinandersetzt, kann er Allah in kleinen Schritten zeigen, wie sehr er Ihn liebt und wie gerne er dafür in die Flammenwogen springt, Mal um Mal.

Denn du musst wissen: Gläubige leben kein gemäßigtes Leben im Inneren.

Auch wenn äußerlich alles geordnet und gemäßigt scheint, innerlich führen sie erhabene, kostbare und märchenhafte Schlachten und leben die gewaltigsten und strahlendsten Extreme, die sie hinaufbefördern in paradiesische Sphären bereits im Erdenleben."

So sprich zum Sonnenuntergang

Kuvvet befand sich in ihrem Zimmer. Nachdem sie gegessen hatte, aufgestanden war, noch einmal ihre Hände und ihr Gesicht gewaschen hatte, machte sie sich daran, sich zu dem Bücherschrank zu begeben, um diesen genauer zu inspizieren. Nach einigen Minuten stellte sie jedoch fest, dass sie heute in keinem dieser vielen Büchern lesen wollte, und daraufhin ließ sie es sein. Stattdessen ging sie ans Fenster, öffnete die zuvor nur gekippten Läden vollends und holte tief Luft. Die Sonne war schon untergegangen, die sengende Hitze einer angenehmen, frischen Sommerluft gewichen. mit jedem Stück Licht, das verschwand und je mehr die Dunkelheit vom Land Besitz ergriff, desto seltsamer und mystischer wurde die Landschaft um Kuvvet herum. Der Berg, der nahezu das ganze Blickfeld umschloss, wirkte wie eine schwarze Wand. Das Licht, das dahinter noch zum Vorschein kam, glich dem aus einem anderen Reich. Ganz so, als ob dort die Erlösung, das Paradies, das einzig aus warmen, weichen Farben, Klängen und Düften bestand, warten würde. Wenige Meilen entfernt lud es sie ein, diese harte, kühle Welt zu verlassen.

Sehnsüchtig senkte sie ihren Kopf und ließ den Wind an ihr vorbei ins Zimmer wehen.

„Wieso? … Wieso das alles? … Wozu das alles? … Alles ohne Sinn … So schwach, so wertlos, so bemitleidenswert, so schlecht, so düster, so blind, so taub, so leblos, so freudlos alles …"

Langsam hob sie ihren Kopf, schaute auf, fand am Firmament keinen hellen Fleck mehr und stieß ein müdes Raunen von sich.

„Ich werde dieses Reich wohl nie erreichen. Es entflieht immer wieder meinem Griff. Es grüßt mich, lädt mich ein und ehe ich recht begreife, wie mir geschieht, ist es schon wieder fort … Warum machst du das? Um andere Menschen ebenso zu verführen? Wirst du dich ihnen auch von deiner schönsten Seite zeigen, ver-

suchen sie zu betören, bis es dir gelungen ist? Sie in dich verliebt machen? Um sie dann in der Dunkelheit einsam und verlassen stehen zu lassen? Wieso bist du so herzlos? So gnadenlos? Wie kannst du nur seit deiner Erschaffung noch Gefallen an diesem Spiel finden? ... Oder bist du dafür da? Um uns Hoffnung für unser Leben nach dem hiesigen zu machen? Schon so lange gehst du deiner Bestimmung nach ... und ich? Ja, ich ...?"
Ein lautloses Lachen nahm von ihr Besitz. Sie stieß sich vom Fensterbrett ab und stellte sich kerzengerade hin.
„Ich bin und bleibe ein Mensch. Ich kann nicht anders. Ich gebe immer wieder auf, fahre dann wieder fort mit meinen Aufgaben, stolpere, verletze mich, vergieße Tränen und Blut, versorge die Wunde, neben der unendlich viele Narben mir erscheinen, stehe wieder auf, finde eine schöne Blume, freue mich, mache weiter, um an der nächsten Ecke wieder Bedrückendem, Unangenehmem und schwer Erträglichem zu begegnen. Ja, ich bin eben ein Mensch. Danke, Sonne. Danke, Himmel. Macht weiter. Geht weiterhin euren, vom Herrn vorgezeichneten Wegen nach. Ihr kennt unsere Ängste nicht. Ihr werdet nicht müde. Ihr lasst euch ja doch nur treiben. Macht, wie euch geheißen. Schlaft ihr vielleicht? Immerzu? Träumt ihr euren endlosen Traum? Hört ihr mich überhaupt? Wenn nicht, dennoch ... danke. Und du, du großer Berg? Du erscheinst uns so mächtig, so groß, so erhaben. Würdest du, der ewig nur zu bestehen hat, dich nicht ebenso unter unserer Last beugen? Ich meine, du könntest sie gar nicht tragen. Würdest du dann zu Staub zerfallen? Auch bei dir bedanke ich mich. Vielen Dank."
Jetzt fühlte sie sich wieder gut, wieder stark. Egal, ob sie sich nur täuschte, sich alles gut redete ... sie dachte sich ihre Wahrheit. Mehr Wahrheit brauchte es da nicht.
Damit blieb sie an Ort und Stelle, begnügte sich damit, im dunklen Zimmer in die tiefe Nacht zu blicken und den Sternen bei ihrem Funkelwettbewerb als stille Bewunderin zuzuschauen.
Es war irgendwie unglaublich. Sie, ein Mensch, war doch eigentlich nichts. Wo ihr diese Sterne am Firmament, eigentlich gewaltige Planeten, so winzig erschienen ... Wie konnte es dann über-

haupt sein, wie war es überhaupt möglich, dass sich ein einfacher Mensch immer wieder zum Himmel emporsteigerte, sich wegen seiner Arroganz und Überheblichkeit so oft das Bein brach, manchmal sogar sehr viel mehr als das. Manchmal, leider viel zu oft, sich in tödliche Lebensgefahr begab.

„Es ist doch einfach ein Bestandteil von uns. Nicht wahr, ihr schönen Diamanten, die ihr nur schweigsam zu uns herniederblickt? Ich glaube, ich weiß, was ihr denkt. Oder habt ihr es mir eingeflüstert? Einen kurzen Satz, ganz flüchtig zu mir geschickt? Ich weiß … wir sind nach euch gekommen und werden vor euch wieder gehen. Ein Menschenleben ist nichts. Die Erde, auf der wir uns befinden, muss viel durch unsere Hand leiden. Ihr fühlt mit ihr, nicht wahr? Aber ihr sagt ihr auch, dass die Gäste, die sich auf diesem blauen Planeten befinden, schon bald von ihr verschwunden sein werden. Eine große, erhabene Hand wird die Theatervorstellung bald beenden. Und dann mit ihnen abrechnen. Der Tag, an dem alle für ihr Tun und Handeln Rechenschaft ablegen werden. Sollen sie sich nur die Köpfe einschlagen, ihren sinnlosen Wegen folgen … bald ist das alles vorbei."

Die Ameise

Kuvvet bemerkte, dass sich auf dem Boden etwas bewegte. Bei genauerem Hinsehen stellte sie fest, dass es sich um eine Ameise handelte.
„Na du?" Sie beugte sich nieder und ließ die Ameise auf ihre Hand krabbeln, stand auf, verließ die Wohnung und begab sich zum Garten.
Sogleich ließ sie sich zur Hocke sinken und setzte die Ameise auf einem Grashalm ab.
„Kleiner Freund, ich muss zugeben, früher gab ich deinesgleichen nicht viel Wert. Und mir noch weniger ..." Ihre Arme auf die Knie legend und das Kinn auf diese lehnend, betrachtete sie friedvoll die umherkrabbelnden Insekten.
„Kleine Ameise, ich beobachte dich. Ich schaue dir bei deiner unermüdlichen Arbeit zu. Ich sehe deine Bemühungen und deinen Willen, zu leben und zu bauen. Weißt du ja nicht, dass ein einfacher falscher Tritt von uns, den großen Lebewesen, dich und dein mühseliges Werk zerstören könnte. Deine Heimat wäre dann verloren. Und dennoch würdest du erneut von vorne mit deiner Arbeit beginnen. Und später erneut. Denn zu überleben, ist dein Ziel. Für die Nachkommen zu sorgen, ist dein Bestreben. Und an die Zukunft zu glauben, ist deine Veranlagung.
Kleine Ameise, wer gab dir diese Veranlagung? War das Zufall? Welcher Zufall ließ dich diese komplizierten Bauwerke vollbringen? Welcher Zufall gab mir meinen Verstand? Und welcher Zufall gab uns unseren Willen, zu leben und zu überleben? Wer gab der Mutter die Liebe zu ihrem Nachwuchs? Wer gab dem Vater die Kraft, für seine Familie zu sorgen und sie zu beschützen? Und wer gab uns das Gut, das Dasein heißt?
Wisse, kleiner Freund, ein Zufall war das nicht.
Es war der Schöpfer. Nur der Schöpfer. Der alleinige Herrscher der Welten.

Kleine Ameise, er sieht dich nachts auf dunklem Grund, genauso wie mich bei meiner Suche nach Wahrheiten. Und wir beide werden von ihm umsorgt und beobachtet. Genauso wie dieser Schmetterling, der an mir vorbeiflattert. Er kennt uns alle. Das, was in uns ist, genauso wie das, was wir zeigen. Wir können nichts vor ihm verheimlichen.
Kleine Ameise, weißt du, wie der Schöpfer ist? Soll ich es dir erklären? Willst du es wissen? ...
Der Schöpfer existiert. Er ist alleinig. Er ist von niemandem abhängig, aber jeder braucht Ihn. In seinem Sein gibt es keinen Anfang und kein Ende. Er sieht alles, Er hört alles und Er weiß alles. Schließlich vermachte Er uns Menschen einen kleinen Teil seines allumfassenden Wissens.
Du fragst dich nun, wie der Schöpfer aussieht? Das weiß ich auch nicht, kleiner Freund. Das sollen wir hier auf Erden auch nicht erfahren, denn würden wir Ihn hier während unserer Lebensprüfung sehen, so würde jeder an Ihn glauben. Es sollen aber nicht alle glauben. Nur die, die Ihn finden wollen, sollen an Ihn glauben. Denn so wird sich herausstellen, wer es verdient, Ihm später nach dem Tod im ewigen Leben nahestehen zu dürfen.
... Kleine Ameise, ich weiß nur, dass Er heiliges Licht ist. Und mehr will ich in diesem Leben auch nicht wissen. Es reicht mir. Solange ich seiner gedenken darf, bin ich zufrieden.
Weißt du, wir sind nicht allein. Wir sind zu dritt. Und wären wir zehn, so wären wir in Wahrheit elf. Und wären hier hundert Wesen, so wären es einhunderteins. Denn der Schöpfer ist auch da. Er ist nie fort. Er schläft nicht und isst nicht. Alle Vollkommenheit besitzt Er und alle Mängel und Fehler sind Ihm fern. Und uns beiden verschaffte Er die Ehre, Ihn kennen zu dürfen. Sag, was brauchen wir mehr?
Kleine Ameise, was denkst du? So teile es mir mit."
Und die Ameise hielt in ihrer Arbeit inne und blickte Kuvvet an.
„Ich glaube an den Schöpfer. Jede Schöpfung tut das. Nur ihr Menschen seid da anders. Ihr seid unterschiedlich im Glauben. Die einen tun es, die anderen nicht. Doch es soll so sein. Es muss so sein. Auf Erden habt ihr Menschen die Möglichkeit,

euch vor dem Schöpfer zu beweisen. Die einen tun es, die anderen nicht."
Kuvvet starrte vor sich hin und legte ihren Kopf zur Seite. „Will Er denn nicht, dass alle glauben?"
„Ohne das Schlechte gäbe es das Gute nicht. Und jeder entscheidet selbst, welchen Weg er einschlägt. Die Lebensprüfung ist gerade so schwer, dass nur ein Teil sie bestehen wird."
„Und was ist die Lebensprüfung?"
„Ihr sollt den Schöpfer suchen und finden und ein angemessenes, gutes Leben führen. Trotz aller Schwierigkeiten, die dem im Wege stehen könnten."
„Woher soll ich wissen, was gut und was schlecht ist?"
„Das wirst du mit dem lichten Wissen der Welt erfahren und mithilfe deines Herzens ... Und nun will ich zu meinen eigenen Pflichten zurückkehren, schließlich will ich vor dem Schöpfer meiner Rolle gerecht werden. Mache es gut. Möge Allahs Segen auf dir ruhen" Sie lächelte.
„Du auch. Möge der Schöpfer dir das Beste geben."

Wo bist du?

Kuvvet ging im Frühling auf einem schmalen Fußweg durch das satte, grüne Tal und schaute sich um.
„Herr, wo bist du?", flüsterte sie.
Dann hob sie ihr Haupt und betrachtete die lichten Wolken, die wie der Schaum der Meere weite, weiße Spuren hinterließen.
„Du bist überall", sprach sie sodann.
Sie senkte ihren Blick und schaute auf die losen Kieselsteine, die dann und wann vor ihr lagen.
„Wer bist Du?
Du bist der, der Himmel und Erde und alles, was dazwischen liegt, erschuf und uns Menschen hier die Lebensprüfung bestreiten lässt.
Woher kommst Du?
Du bist nie gekommen. Du warst immer da. Du bist aus der Ewigkeit. Ohne Anfang und ohne Ende bist Du.
Woher bin ich?
Ich bin von Dir gekommen und eine kurze Weile verbleibe ich hier auf Erden, um dann vor Dich zu treten.
Wozu bin ich?
Ich bin, um Dir Diener zu sein und demnach mein Leben zu gestalten. Alles, was ich tue, tue ich für Dich, und um deine Gnade zu erlangen. Ich bin auf Erden, um die Lebensprüfung zu leben und mich für die Ewigkeit heranzubilden.
Warum leide ich?
Ich habe mein Leben in der Hand. Viel des Üblen ist mein eigenes Verschulden. Anderes ist Prüfung. Und indem ich das Schlechte wie auch Gute schmecke, reife ich zu einem Individuum heran. Dies stärkt und prägt mich und macht mich zu einem Menschen.
Was bin ich?
Ich bin ein Mensch. Und ein Mensch ist Tier, Engel und Teufel in einer Hülle. Was du zulässt oder was du zurückhältst, liegt bei dir. Welchem du mehr Gültigkeit gibst, liegt ebenso bei dir.

Wem du unterliegst und über wen du siegst, liegt allein bei dir.
Was ist die Welt?
Sie ist der Schauplatz menschlicher Taten. Es ist der Prüfungsort der Menschen.
Was ist das Leben?
Es ist ein Spiel. Es ist eine Herausforderung. Und es ist der Raum der Möglichkeiten. Nur im Leben kann man sich beweisen oder verlieren. Nach dem Leben wird es keine solche Möglichkeit mehr geben. Denn dann wird man entweder sagen, du hättest gesiegt oder verloren.
Was ist nach dem Tod?
Nach dem Tod erst kommt das ewige Leben, das eigentliche Leben. Denn wisse erneut: Der Aufenthalt in dieser Welt dauert nur einen kurzen Atemzug.
Wer kommt in das Paradies?
Die, die an einen Schöpfer glauben, in dem, was sie sagen, und in dem, was ihr Herz sagt, und die sich für den Schöpfer im Guten üben.
Ist es wichtig, woran du glaubst?
Nein, es ist nicht die Hauptsache, an wen du glaubst. Das Wichtige ist: Glaube an einen vollkommenen Schöpfer und an das Gute im Sein."
Kuvvet schaute auf und blinzelte.
Sie hatte sich wieder einmal von ihren Gedanken mitreißen lassen. Sachte schüttelte sie ihren Kopf, lächelte und ging weiter.
„Ist es so schwer, an einen einzigen Gott zu glauben? ..."
Aber was heißt glauben? Wer hat schon Zeit für solcherlei Fragen?... Trist ist die Welt und trist wird sie bleiben. Die Menschen sind verstrickt in ihr Leben und sie haben kaum Zeit, um aufzuschauen. Aus diesem Grund bleibt dann auch keine Gelegenheit, sich mit dem Sein eingehender zu beschäftigen.

Die Sterne

Eine Frau kam eines Tages auf Kuvvet zu und teilte Kuvvet ihre Gedanken mit.
„Jede Person könnte doch werden, wie die Heiligen waren? Wenn sie sich doch nur mühte?"
Kuvvet lächelte sanft und verneinte bestimmt. „Die Heiligen, wie du sie nennst, sind wie die Sterne.
Sie erleuchten die Welt zu dunkler Stunde.
Die Menschen hingegen sind wie die Dunkelheit um die Sterne.
Sie vermögen nie zu leuchten, wie es die Eigenart der Sterne ist."
Die Frau überlegte kurz. „Woran liegt dieser Unterschied?"
Kuvvet blickte die Frau verständnisvoll an. „Es liegt an dem Grad, in dem das Licht der Allmacht verinnerlicht wurde."
Die Frau bedankte sich und ging sodann.
Kuvvet schaute ihr nach. Es loderte sachte in ihren Augen, bis ein Nebel dieses endlose innere Feuer wieder verschleierte.
Sie atmete sehnsuchtsvoll ein und flüsterte unmerklich vor sich hin.
„… Und es liegt daran, wie sehr dich die Wahrheit durchdrang, wie sehr du Wahrheiten fandst, deren Sehnsucht dich erfüllte, wie sehr du dein Dasein verstandst, wie sehr du die lichten Kostbarkeiten verinnerlichtest und wie sehr du dein Seelenreich mit wahrhaftigen Schätzen schmücktest.
… Die Kostbarkeiten deiner Seele waren doch im Grunde das, was dich zum Strahlen brachte.
… Doch so sage mir, gute Frau, in deiner Welt, welche Wahrheiten sind dort noch vorhanden? Wo sollte ich denn nur anfangen, es dir zu erklären, und wo aufhören? Welten liegen heute zwischen uns.
Ich sage nicht, eine von uns sei der anderen überlegen …
Was ich sagen will, ist: Was ist nur aus der Menschheit geworden? Und warum nur ist meine Art heute so weltfremd und warum … warum nur weiß niemand mehr über die Wahrheiten Bescheid?

Ein jeder lehnt sich an seinen Vordermann. Jeder scheint zufrieden mit seinem Dasein. Ausgeschmückt ist die Welt … dem Körper geht es jedoch oftmals nicht gut. Wir haben genug zu essen und leben zufrieden. Aber sind alle Seelen glücklich? Oder trösten wir uns vielmehr mit der schmucken Welt? Ja … die Welt ist schön. Aber, gute Frau, … eine Wüste ohne Leben sind heute so viele, viele Seelenreiche. Staubig und trocken, Dürre durchzieht die Seelenreiche der Welt …"
Kuvvet blickte ernst vor sich hin.

„Es ist an der Zeit, dass die Wahrheiten erneut in das Bewusstsein der Menschheit zurückkehren."

Die traurige Miene Kuvvets wich allmählich einem sanften Lächeln. Sie schritt sodann voran und blickte in die Ferne.

„So sollten die Sterne heutiger Zeit endlich zueinanderfinden … Die Menschheit sollte es überhaupt verstehen, diese wieder zu sehen und ihr endloses Schweigen, das der maßlosen Welt gegenübersteht, zu entdecken."

Das Rotkehlchen

Wolken bedeckten die sonnige Wiese mit sanften Schatten und die Tiere, ob Vögel oder Grillen, sangen in ihrer Sprache, lobpreisten die schönen Weiten, die sie umgaben, und folgten dem Leben mit ihren werbenden Instinkten.
Inmitten dieses Geschehens drang Kuvvet zaghaft ein und setzte sich auf einen morschen Baumstamm.
Tief holte sie Luft und versuchte, ihr bedrücktes Innerstes zu erleichtern. Sanft schaute sie um sich und leise summte sie vor sich hin, bis sie sachte zu sprechen begann:
„Die, die unwillig sind, wenn man von tiefsinnigen Wahrheiten spricht, und strahlen, wenn man von der Welt spricht … so viele gibt es von jenen.
Das bedrückt mich …
Die, denen Unglück widerfuhr, rufen mit einem Mal den Schöpfer um Beistand an.
Das verwundert mich …
Die, die in Allahs Namen zu kämpfen meinen, doch zu weit gehen und für Zerstörung und unsägliches Leid sorgen, umgeben uns.
Das belastet mich …
Doch die, die in heutiger Zeit noch wahrhaft glauben und sich in des Schöpfers Namen mühen.
Das erwärmt mich …"
Sie schaute um sich.
„Es scheint, als müsse heute jeder für sich entscheiden, wo er steht. Mehr als jemals zuvor."
Ein Rotkehlchen flog hernieder und berührte vor Kuvvet den Boden. Es sprach:
„Zu jeder Zeit, an jedem Ort musste der Mensch für sich selbst entscheiden. Nur ist es heute nicht mehr so leicht, sich an seinen Vordermann zu lehnen. Denn heute kennt ihr nicht nur eure Nachbarn. Heute kennt ihr die Welt. Und viel wütet darauf.

Und in diesem Gerangel eurer Rasse braucht es mehr Ehrlichkeit, die ihr nur schwer zulässt."
Kuvvet stimmte dem zu. „Nur, wie soll es weitergehen?"
„Aus jenem Irrsinn wird Licht erstrahlen und ihr werdet fündig werden."
Nachdenklich lächelte Kuvvet. „Ist es denn nicht so, dass sich die Welt um jeden einzelnen Menschen dreht?"
„Sicher."
„So sollten jene einzelnen Welten aus mehr als nur dieser Welt bestehen. Hat der Schöpfer nicht das Recht, dass auch er Zutritt in das Menschenleben bekommt?
Die Menschen müssen endlich verstehen."
Ernst nickte das Rotkehlchen. „Das werden sie. Das werden sie. Für manche wird dies allerdings erst nach der Weltprüfung geschehen."
Kuvvet stand auf. „So sollte man versuchen, einige zu erreichen."
„So ist es."
Sie verabschiedeten sich und gestanden der Welt ihre Größe und das Wiederholen ihrer Reise zu.

Sprich mit dem Baum

Es war ein nebliger Tag.
Kuvvet schritt langsam voran durch das Land und sog die verträumten Anblicke in sich auf.
„Land, welches an mir vorbeizieht, wie sehr ich dich doch verehre. Wie sehr ich mich nach gänzlichem Einklang mit dir sehne."
Sie hielt in ihrer Wanderung inne und betrachtete einen sonderlichen Baum.
Er hielt ihrem Blick stand.
Sie schmunzelte.
„So willst du meine Freundschaft?"
Sachte ging sie auf diesen Baum zu und berührte dessen starken Stamm.
„Sag, welche Weisheit willst du mir schenken? Wie kann ich mich stets deiner erinnern, sodass ich dich fortan Freund nennen kann?" Wehmütig schweiften ihre Augen durch den schwebenden Dunst.
„Es gibt Momente, da schwindet meine Kraft. Und dann neigt mein Innerstes dazu, sagen zu wollen: Ich kann nicht mehr. Ich gebe auf. Doch, du stolzer Baum, sogleich widersetze ich mich diesem Lauf. Ich sage dann: Ich gebe nicht auf. Es wird weitergehen, es wird." Warm schaute sie den ganzen Baum an.
Sie flüsterte.
„Was sagst du nun zu dieser armen Weisen?"
Und sie horchte.
„Bleibe aufrecht. Bleibe aufrecht. Bleibe aufrecht. Wenn du umfällst, dann mit dem letzten Atemzug. Ansonsten bleibe aufrecht. Wenn man dich verwundet, beweine ruhig diese Wunde. Wenn du stürmischen Gewittern ausgesetzt bist, erzittere ruhig. Wenn du der Kälte ausgesetzt bist, zieh dich ruhig zurück. Doch verliere deine aufrechte Haltung nicht."
Ihr Innerstes glühte auf. „Hab dank, Baum."

Der Kopf von Kuvvet senkte sich frohgemut herab, warf einen Blick auf den belaubten Erdboden mit vergilbendem Gras und erhob sich erneut mit gefasster Miene.

Und nachdem sie dies gelernt hatte, verließ sie nun einen guten Bekannten.

Sie hob ihre Hand an und deutete auf die Landschaft um sich herum.

„Du, Erde, bist mein Freund. So sehe ich stets neue Seiten an dir. Ich mag dich sehr. Belehre mich ein Leben lang. Trenne ich mich von einer Schönheit, kommt die nächste. Hab Dank, mein Freund."

Brennende Meere

Eine Frau kam zu Kuvvet und trug ihr Anliegen vor.
„Es heißt, die Großen der Guten hätten Meere aus brennendem Feuer überwinden müssen.
Aber in heutiger Zeit und wohl auch früher haben das viele getan."
Kuvvet lächelte und verneinte bestimmt: „Nein, das haben sie nicht."
Die Frau blickte Kuvvet irritiert an und fragte, weshalb sie dies sage.
Kuvvet atmete sehnsuchtsvoll ein, blickte eine Weile stumm vor sich hin, um dann zu erklären:
„Ein brennendes Meer macht dich heilig, unbedeutend oder schlecht.
Ein brennendes Meer muss jeder Mensch in kleineren und größeren Strecken im Leben durchqueren.
Aber es geht hier nicht darum, ein brennendes Meer einfach zu überqueren.
Es geht darum, trotz jeder Verbrennung, Qual und Pein dennoch zu versuchen, ein wahrhaftiger Mensch zu sein.
Du denkst dir, du würdest gerne leiden, nur wolltest du kein hässliches oder ein für dich unangenehmes Leid.
Aber das Geheimnis des brennenden Meeres ist, dass darin alles Schlechte und Niedere ebenso enthalten ist.
Wenn du diese Meere durchschreitest und du dein Licht bewahrst, dann bist du einer der wahrhaftigen Durchschreiter. Dann hast du wahrlich brennende Meere durchquert.
Hier gilt es nicht, einfach nur ein brennendes Meer zu überstehen und zu überleben, ohne zu betrachten, ob du hinterher viel Dunkelheit in dir gesammelt hast.
Hier geht es darum, am Licht fest verankert in die Schlacht gegen die Finsternis zu ziehen."

An den Schöpfer

Eines Tages, als Kuvvet der Irrgang auf Erden erneut zu Herzen ging, fing sie an, zum Schöpfer zu beten. Mit traurigen Augen flüsterte sie.
„Was ist, wenn ich dich fragte, Herr? Wenn ich dich fragte, ob du dieser dunklen Welt wieder etwas Licht schenktest, Herr? Ihr wieder Frieden brächtest, Herr? Das unentwegt fließende Blut endlich stilltest, Herr?
Ich vermisse dich, Herr.
Du überlässt uns uns selbst.
Und wir versagen, Herr.
Die einen wollen besitzen.
Die anderen rächen.
Die einen wollen Macht.
Die anderen daran teilhaben.
Die einen sind verlassen.
Die anderen geblendet.
Und du schaust uns in unserem Dasein zu.
Denn wir rufen dich nicht, Herr.
Aber das wird nicht ewig währen.
Es wird wieder die Zeit des Glaubens kommen.
Denn was bleibt uns sonst noch, Herr?
Immerzu suche ich. Nach Gutem, Reinem.
Wo ist es verblieben?
Wir sind vom rechten Weg abgekommen. Schon vor langer Zeit.
Es ist düster hier, Herr.
Wir brauchen dich. Lass uns nicht allein. Ohne dich sind wir verloren.
Ich bitte dich, Herr. Errette die, die sich an dich wenden. Errette die, die dich brauchen.
Gerade heute, in diesen Tagen, die immer düsterer erscheinen, lass uns nicht allein.

Und du wirst uns nicht allein lassen. Denn du bist der Barmherzige, der Gerechte.
Geduldig harren wir aus und warten auf deine Zeichen.
Und sie werden kommen.
Und wir werden siegen.
Und wir werden heilen.
Amin."

Die Wahrscheinlichkeit

Eine Frau mittleren Alters suchte Kuvvet auf und sprach sie an:
„Ich möchte glauben.
Doch Zweifel nagt oft an meinem Willen.
Sage mir, Kuvvet, was hilft mir, meinen Glauben sicher mit mir zu führen?"
Kuvvet nickte freundlich und sprach:
„Wache, klare Augen, ein offenes, verständnisvolles Ohr, ein frommer, ehrlicher Verstand und ein gütiges, warmes Herz halten deinen Glauben aufrecht.
Und schau nur auf die Welt und das Universum:
Alles ist in einer ewigen Ordnung, nichts ist fehl am Platz. Schau auf alles in unserer Existenz und frage dich: Was ist hier fehl?
... Nichts. Nichts ist fehl.
Alles folgt einem Gesetz, ob die Planeten, die Pflanzen, die Tiere oder auch die Körper von uns Menschen.
Und nun sage mir, wie hoch ist die Wahrscheinlichkeit, dass alles im Dasein so perfekt aufeinander abgestimmt ist? Ohne einen Mangel oder Fehler?
... Fehl ist oftmals der Mensch, wohl wahr.
Aber dies ist, weil er eine Prüfung durchlebt.
Die einen werden bestehen, die anderen nicht.
Und wenn du fähig bist, mir eine Antwort zu geben; wenn du sagst, die Welt sei aus dem Nichts zu einer perfekten Ordnung verkehrt und diese Wahrscheinlichkeit sei so oder so groß, so frage ich dich noch dieses:
Ein Kunstwerk kann doch nicht von selbst entstehen, sagst du.
Aber kann das Kunstwerk mit dem Namen Dasein von selbst entstehen?"

Der Traum

Eines Nachts sah Kuvvet einen Traum, den sie nicht mehr vergessen würde.
… Sie lag auf einer sattgrünen Wiese und blickte empor zum Himmel.
Doch kaum, da sie anfangen wollte, sich an dem endlosen Himmel sattzusehen, erschienen ihre Eltern vor ihrem Sichtfeld.
Kuvvet blickte sie an … Ja, ihre Eltern waren ihre Vorbilder gewesen viele Jahre …
Ihre Eltern lächelten sie selig an und gingen beiseite.
So sah sie, was hinter ihnen erschien.
Dort stand der Weise … Und ja, er war Kuvvet die größte Stütze und ein ehrwürdiges Vorbild …
Der Weise lächelte ihr zu und auch er ging sodann beiseite.
Und Kuvvet schaute weiterhin.
Dort stand nunmehr der Prophet Mohammed … Kuvvets Blicke setzten sich fest an diesem hoheitlichen Bilde … ihr größtes aller Vorbilder stand nun vor ihr …
Doch auch dieser lächelte ihr zu und ging ebenso zur Seite.
… Kuvvet sah nun das Universum.
Und sie schwebte hinauf, in völligem Einklang mit dem Sein.
Und sie sagte:
„Frei … jetzt bin ich doch frei …! Nur noch der Schöpfer steht vor mir.
Nur noch der Schöpfer allein ist mein ewiger Weggeselle.
Alles und jeder sind Freunde. Von den großen, lichten Persönlichkeiten der Welt lerne ich.
Doch ich bin nicht mehr fähig, stumm zu folgen.
… Ja. Auch ich stehe heute an einem Ort, wo es nicht mehr richtig wäre, einem Menschen zu folgen. Zu sehr habe ich nun meine eigenen Ansichten nach jahrelangem Lernen und Folgen… Was jeder Mensch ersuchen und erlangen sollte: Von al-

len dazuzulernen und willens zu sein, zu verstehen und zu verinnerlichen.
Du, Mensch, bist so individuell, wie deine Ansichten über Gott und die Welt. Streite nicht. Rede, und lerne dazu. Lerne und lese und lerne erneut dazu. Denke nach, verstehe und verinnerliche. Schritt für Schritt.
Nenne mir eine Wahrheit, die mich überzeugt. Und ich nehme sie an. Denn ich bin eine Suchende. Und Suchende nehmen alles in sich auf, um zu wachsen, ihre Seelen zu sättigen und besser zu verstehen.
Lerne von allen. Und dann lerne von dir.
… Und der Schöpfer lädt mich ein, mich für Ihn zu bemühen. So gehe ich … denn alles, was zählt, ist der Schöpfer allein."

Die Straßenlaterne

Eine Spazierende erblickte Kuvvet dabei, wie sie am sommerlich grünen Wegrand stand und die Spitze einer, am Boden liegenden, Straßenlaterne berührte.
Neugierig kam sie näher und fragte, was Kuvvet täte.
Diese schaute nachdenklich auf.
„Ich sah diese Straßenlaterne immer so hoch in die Luft emporragen. Als Kind wünschte ich mir, den höchsten Punkt berühren zu können.
Und heute liegt diese veraltete Straßenlaterne vor mir und ohne Mühe, wo es mir doch zuvor so unsäglich schwer erschien, stehe ich nun hier und lege die Hand auf die Spitze."
Die Spazierende nickte, grüßte und ging.
Und Kuvvet dachte:
„Die von Menschen aufgestellte Spitze des Erreichbaren mag morgen schon ganz unten liegen.
Das, wofür du dich heute mühst, mag morgen jedem gelingen.
Was gestern obenan stand, ist heute womöglich nur noch ein Achselzucken wert.
Wozu also sich bemühen, den Erwartungen zu entsprechen?
Warum nicht suchen nach dem eigenen höchsten Ideal?
Dies ist wichtiger und schöner für mich als der wahnhafte Wettstreit dort draußen."

3. Von Kuvvet

Kuvvet hatte viel von dem Weisen gelernt.
Und sie hatte später selbst viel erlebt.
Dann hatte sie viel über Gott und die Welt nachgedacht...
So beschloss Kuvvet nun, niederzuschreiben, was sie gedacht und gefunden hatte.
... Für verstehende Gemüter und wahrheitsliebende Seelen.

Das Eis

Ein grünes Land mit fließenden Bächen und voller Leben …
So erzählen die Ältesten von der Vergangenheit.
Dann kam der Winter und zog nicht mehr davon.
Stück für Stück eroberte er das Leben und gab keine Ruhe, bis alles unter dem Eis vergraben war.
Mit schweren, stampfenden Schritten zogen die wenigen Überlebenden manches Mal durch das Land und schauten sich um.
Sie sahen Menschen, von Eis umhüllt, ein kaltes Leben führen.
Waren das noch Menschen?
Ihre Herzen schlugen nicht mehr.
Diese waren schon vor langer Zeit erfroren.
Stattdessen ließen sie sich von den Umständen lenken.
Was notwendig war, taten sie nahezu auf menschliche Weise.
Lediglich ihre Augen verrieten sie.
Sie waren leer und bezeugten das Fehlen der Herzen.
Und etwas Seltsames ging vor sich.
Sie suchten, sich mit noch mehr Eis zu umgeben.
Das, was sie tötete, war ihr Lebensinhalt geworden.
Und so schritten die Lebendigen weiter.
Sie sahen junge Menschen, die kurz davor waren, zu kapitulieren.
Sie suchten, sich gegenseitig zu erwärmen, indem sie feierten, sich gegenseitig an den Hals warfen und sich bei lauter Musik im Tanze verloren.
Und sie merkten nicht, dass sie sich selbst dadurch schneller verschwanden.
Bald würden sie schleichend in die eisige Welt eintreten.
Es gab kein Entrinnen.
Und ein heranwachsender Junge saß allein an einem Straßenrand im Halbdunkel.
Seine Schultern waren eingesunken, das Gesicht verborgen hinter den Armen, die auf seinen angezogenen Knien ruhten.

Wenn er ausatmete, erschien eine Wolke, hervorgerufen durch seinen noch warmen Atem.
Dann hob er seinen Kopf, schaute müde auf, schmiss die Bierflasche davon und hielt inne.
Sein Herz machte einen schmerzhaften Sprung.
Das erschreckte ihn nicht.
Er hatte das schon einige Male erlebt.
Es war nur eine Frage der Zeit, bis er aufgeben würde.
Nicht ganz so unmerklich wie bei anderen, doch zumindest lautlos würde es geschehen.
Er würde zu Eis erstarren und so endlich schmerzfreier leben können.
Seine Lippen schürzten sich, Tränen traten aus seinen traurigen Augen und wurden zu Kristallen, noch bevor sie den Schnee erreichten.
Die nächste Bierflasche nahm er an sich und führte sie zu seinem Mund, doch er war zu lange im Freien gewesen.
Die Flüssigkeit war erstarrt.
Es kroch keine Panik in ihm hoch.
Eine sonderbare Ruhe schlich sich in sein Gemüt.
Alles schien plötzlich so unbedeutend und unwichtig.
Er sank zusammen, lag dann mit ausgestreckten Gliedmaßen auf dem Weg und lachte leise, soweit sein tauber Körper es zuließ.
Er schloss seine Augen.
An seinen Händen und Füßen spürte er kaum noch etwas.
„So lass ich mich gehen …
So ist es besser …
Bevor ich mich aufgeben muss …
Bevor ich dem Eise dienen muss …"
Ihm war, als wiche langsam das Leben aus seinem Körper …
„Ist dies meine Seele? …
Ich fühle sie nun so sehr …
Es ist nicht viel, was ich dir Seele geben konnte …
Hörst du mich?
Doch … ich bin noch ich …
Ich bin noch ich …"

Er verfiel in einen Schlaf.
Und die Lebendigen kamen des Weges.
Einer der Männer blickte auf den Jungen herab.
Er schlang seinen Arm um den Hals des Jungen, richtete ihn etwas auf und flößte ihm ein wenig warmen Tee ein.
Der Junge kam blinzelnd zu sich.
Der Mann sprach zu ihm:
„Willst du leben?"
„… Ich will lebendig leben."
„So nehme ich dich mit zu uns." Erneut verlor der Junge seine Besinnung.
Als er wieder zu sich kam, war er im Warmen.
„Wie kann es nur so warm sein?", fragte er in den Raum hinein.
„Es gibt Wege und Möglichkeiten", sprach eine Stimme und der Mann von zuvor erschien.
„Geht es wieder? Du hast lange geschlafen."
Der Junge setzte sich auf. „Es geht …" Und er schaute sich im Zimmer um. Dann sah er ein Buch, das Licht und Wärme ausstrahlte. Der Mann bemerkte des Jungen Verwirrung.
„Dies ist das Heilige Buch. Es schützt uns vor dem ewigen Eis."
„Ist es unerreichbar für die Kälte?"
„Ja, das ist es."
„So gibt es kein ewiges Eis."

Jahre vergingen.
Der Junge kämpfte gegen das Eis, befreite mit seinen Freunden noch nicht Verlorene und wurde erwachsen.
Alle Lebendigen scharten sich um ihn.
Und ein jeder presste sein Heiliges Buch gegen seine Brust und schritt voran.
Und nach vielen Gefechten begann der Schnee zu schmelzen.
Die Menschen flüchteten zu den Besitzern des Heiligen Buches.
Und eines Tages sahen sie die Sonne.
Und bald sahen sie Gras.
Und fürwahr, bald hörten sie Vögel zwitschern.
Die Menschheit erwachte.

Und der Mann, der einst nahezu dem Eise unterlegen war, schrie auf:
„Der Schöpfer lässt die Welt nicht untergehen, solange es einen Gläubigen gibt! Wir vertrauten Ihm, denn Er würde uns befreien! Die Zeit ist reif. Ihm sind wir ergeben. Allahu akbar. Allah ist groß."
Er küsste sein Buch.
„Wir selbst waren an unserer Situation schuld! Und sehet! Dennoch befreite er uns! Ihm müssen wir dienen … Elhamdülillah. Lob gelte Allah." Er nahm von dem Schnee, der noch da war, presste dann die Hand zu einer Faust, sodass Wasser von seiner Hand herabtropfte.
„Seht ihr denn nicht? Die Kälte ist dem Menschen nicht gleich! Wir können nicht mit ihr und sie kann nicht mit uns! Wir waren nah dran, ihr zu unterliegen! Und wir wurden beinahe zu ihren Untertanen! Nein. Nicht mit den Gläubigen. Wir hielten dagegen, auch als wir nicht dagegen ankamen. Der Schöpfer rettete uns … Süphanallah. Allah ist von allen Unzulänglichkeiten und Fehlern fern." Und ein Vogel flog über die Menschen hinweg.
Er setzte sich vor den Gläubigen.
Er zwitscherte.
„Der Schöpfer. Der eine Gott." Und der junge Mann schaute zum Himmel empor und streckte seine Arme von sich.
„Der Schöpfer wird immer siegen. Geh, du Vogel, und verkünde dies in anderen Ländern, die uns nicht kennen … Der Schöpfer wird immer siegen. Und die, die mit Ihm stehen, ebenso. Ganz egal, was die Umstände auch sagen mögen. Der Schöpfer ist der Sieg."
Eine Träne verließ sein Auge und fiel auf den Schnee.
Dieser schmolz an jener Stelle.
Und er schaute auf und ging weiter voran, um andere Lande aufzusuchen.
Und er flüsterte.
„Beuget euch nur vor der Wahrheit.
Sodass die Lüge sich vor euch niederkniet."

Komm herunter

„Ich sehe dich.
Du bist jener Leiter gefolgt und begannst zu klettern.
Manche kämpfen um jene Leiter.
Manche bekommen sie vorgelegt.
Und andere finden sie auf ihrem Lebensweg.
Die Pfade dorthin sind verschieden.
Doch ist das Resultat gleich:
Du steigst empor in Weiten, die anderen verborgen bleiben.
Und bald erscheinen dir andere Menschen so unsäglich klein.
Und plötzlich fühlst du dich so groß …
Komm herunter, Freund.
Komm wieder herunter, Freund.
Komm nur wieder herunter, Freund.
Denn warum wird ein Mensch nicht zum Riesen, wenn er Dinge erschließt, erreicht oder gar vollendet?
Weil dies nicht in seiner Natur liegt.
Es steht nur plötzlich gewollt oder nicht jene Leiter vor dir.
Sie macht dich nicht größer, besser oder weiser.
Sie erhebt dich nur in die Höhe.
Mir schwindelt so schnell in Höhen.
Es mag gefährlicher sein als auf Erden, deiner eigentlichen Wohnstätte.
Weißt du denn nicht, was mit denen geschah, die dort herunterfielen?
Und wie einsam es dort oben doch sein mag …
Du rufst mich zu dir?
Ich überlege erst und dann fasse ich mit der Hand die Sprosse.
Ich erreiche dich in schwindelerregender Höhe.
Und du sitzt dort vor mir und blickst empor zu den Sternen.
So friedlich ist dein Gesicht."
„Ich bin weitergekommen als andere", flüsterst du.

„Mir ist hier nicht wohl", spreche ich.
„Sag mir weshalb?", fragst du.
„Diese Höhen sind lebensfeindlich", flüstere ich.
„Komm herunter, wo dein Lebenspfad auf dich wartet. Du hast in diesen Höhen deinen Werdegang vergessen", spreche ich dir zu.
„Aber ich bin jemand, der hierhergehört", sagst du.
„Nein", sage ich.
„Du selbst darfst nicht hochsteigen oder in die Höhe dich versetzen.
Herzen mögen dich erhöhen, Arme mögen deine Bilder in die Luft erheben und du mögest auf Händen getragen werden, doch reicht das aus, um die erstbeste Leiter zu nehmen und Besseres werden zu wollen? Und höher zu steigen, als dir zusteht?
Nur der Schöpfer weiß, wer du wirklich bist. Und sein Urteil allein zählt.
Bleibe am Boden, wer auch immer du bist ..."
Und wir klettern herunter in Frieden.
„Und wer weiß", spreche ich.
„Vielleicht wird der Schöpfer dich im anderen Reich erheben. So arbeite darauf hin und nähere dich nur Ihm."
Doch da schaue ich zu dir.
Nun fängst du an zu graben.
„Warum machst du das?", frage ich.
„Ich will nun der Demütigste sein", sprichst du.
Ich halte dich davon ab.
„Dies ist für dich ebenso nicht gut", sage ich.
Du stößt die Schaufel in die Erde und fragst mich, was zu tun sei.
„Gehe den mittleren Weg. Bleibe auf Erden", sage ich.
„Gehen dann nicht alle den mittleren Weg?", fragst du.
„Nein", sage ich.
„Sie folgen ihrem Leben. Sie kennen nur den Erdenweg. Die wenigen unter ihnen aber, die den mittleren Weg kennen und ihn gehen, sind erhaben und du erkennst sie sogleich. In ihrem Gesicht siehst du ihren Kampf aufblitzen.
So steige nicht in die Lüfte und grabe dich nicht in die Tiefe. Gehe immer den mittleren Weg", rate ich.

„Ich spüre aber, ich bin anders als gewöhnliche Menschen. Wie kann ich mein Innerstes nach außen kehren?", willst du wissen.
„Indem du den Glauben lebst und dich in Geduld übst.
Und wisse: Sei zufrieden, so wie es ist.
Denn sieh: Um weiterzukommen und um dich zu beweisen, musst du vielleicht Meere aus Feuer überwinden.
Nähmest du jene Schmerzen auf dich?
Würdest du nicht enden wollende Leiden und Qualen auf dich nehmen?"
„Nein, würde ich nicht", meinst du.
„So erkenne: Man bekommt so viel, wie man verdient.
Und wisse: Ein jeder Mensch hält sich für etwas Besonderes oder wünscht sich, etwas Besonderes zu sein.
Und siehe: Ein jeder Mensch ist etwas Besonderes. Doch deine wirkliche Größe offenbarst nicht du, sondern die, die dich erkennen."
Und du bleibst nun stehen an Ort und Stelle und beginnst zu lächeln.
Und du erhebst dich von der Erde.
Ich sehe dich schweben, mit milder Überraschung.
Du hältst mich bei der Hand und gemeinsam erheben wir uns in die Höhe.
„Was, wenn ich fliegen kann?", fragst du.
„So kann ich dir nichts mehr entgegnen. Wirkliche Größe scheinst du in dir zu tragen", sage ich.
„Gibt es also doch größere Menschen?", fragst du.
„Ja", sage ich.
„Solche, die innerlich Größe haben", meine ich.
Und du fliegst erneut nieder auf Erden.
„Ganz gleich, ob ich Größe habe oder nicht, das ist mir nun einerlei. Ich wähle den mittleren Weg und verberge, wie ich bin. Ich werde einmalig denken und mich wie Gewöhnliche präsentieren", sagst du.
„Solche wie ich werden dich erkennen", meine ich.
„Und solche wie ich werden dich erkennen", sagst du.
„Was werdet ihr erkennen?", frage ich.
Du lächelst.

„Auch du kannst fliegen. Deine Haare sind vom Winde zerzaust. Und du hast in den Tiefen gelebt und versucht, der demütigste Mensch zu sein, bis du den mittleren Weg fandest. Du bist voller Erde, siehst du nicht? Und mir hast du all diese Mühen erspart und Rat gegeben.

Und mein Rat an dich ist:
Suche in allem den mittleren Weg zu gehen, aber hin und wieder solltest du dennoch fliegen oder graben.
Denn du willst das Große leben, nicht das Einfache", sagst du.
„So höre mich an!", spreche ich.
„Gerade der mittlere Weg ist die Herausforderung für solche wie uns.
Gehe den mittleren Weg, doch Großes wirst du immer leben und finden.
Und fliege und grabe nur, wenn man dich nicht sieht.
Denn wolltest du deine Größe anderen zeigen, würdest du kleiner werden, als dir lieb ist.
Größe trägt man im Herzen, nicht nach außen.
Dies hat seinen Grund, merkst du das denn nicht?
So lerne, das Gleichgewicht zu wahren.
Und lerne, das Schweigen zu bewahren.
Und denke und lerne viel.
Und kämpfe und dulde viel.
Sodass sich Größe in dir heranbildet und wächst.
Dies für die, die nach Größe suchen.
Und dient und liebt nur den Schöpfer.
Dies für die, die nach der Liebe des Schöpfers suchen.
Mehr wollen sie nicht.
Doch die Größten sind sie.
Denn die Größten sind die, die ihre Größe nicht sehen oder sehen wollen."

Die Schwingen

Ich besitze Flügel.
Sie bestehen aus Flammen.
Diese entstanden aus einem Grund:
Ich selbst brenne. Mein Innerstes glüht und schickt lichte Flammen durch meine Schulterblätter.
Mein Körper konnte das innere Feuer nicht mehr verbergen.
Jahrelang brannte ich, ohne dass es jemand bemerkte.
Mein Blut kochte, meine Knochen glühten und mein Selbst war erhitzt.
Und irgendwann, als es unerträglich wurde, geschah es.
Ich saß schmerzerfüllt am Boden, die Knie angezogen und von den Armen umfasst.
Ich erzitterte wegen einer gewaltigen Flammenwoge und als kein Platz mehr in diesem zerbrechlichen Leibe war, schoss Feuer aus meinem Rücken.
Nun erkannten auch Umstehende meine Qualen.
Ich konnte sie nicht mehr verheimlichen.
Doch das Feuer erschien den Umstehenden zu bedrohlich.
Und ich selbst wollte niemandem Schaden zufügen, sodass ich in die Einsamkeit flüchtete.
Dieser Zustand betrübte mich.
„Warum erlöschst du nicht?" fragte ich das Feuer.
Und es sprach: „Du bist anders."
Ich sagte: „Aber auch nur, weil du nicht von mir lässt. Allen Menschen erscheine ich andersartig und krank."
Und es sprach: „Merkst du nicht?"
„Was?", fragte ich.
Es sprach: „Ich schenkte dir Flügel."
Und sodann erhob ich mich von der Erde.
Wie der Wind flog ich durch die Lande.
Überwältigt dachte ich: Nur weiter ... nur noch weiter lass mich davonfliegen.

Das Feuer sprach: „Es gibt einen Grund, weshalb das Feuer so sehr von dir Besitz ergriffen hat."
„Und was ist jener Grund?", fragte ich.
„Du empfindest so viel Leid", sagte es.
„Das stimmt wahrlich", antwortete ich.
Es sprach: „Willst du wissen, wie du in erträglichere Wärme gelangst, sodass du nicht mehr brenntest?"
„Ja, das will ich", rief ich.
„Obgleich du nun fliegen kannst?", fragte es.
Ernst schaute ich auf und landete auf einem verlassenen Strand.
Eindringlich sprach ich nun.
„Mein Lebtag lang war ich anders. Und meine seltene Art verstanden nur wenige. Und jetzt, in diesen Tagen, stehe ich gänzlich allein."
Das Feuer sprach: „Ist es nicht gut, anders zu sein? Ist das vielleicht sogar ein großes Geschenk und eine Gnade?"
Ich überlegte.
„Du kennst meine Schmerzen nicht. Du bist der, der mich versengt. Ich bin der, der an dir leidet."
Das Feuer sprach: „Verhülle deine Brust mit den Flammenschwingen."
Ich tat wie geheißen.
Es war, als decke man mich zu und hülle mich ein, und erträgliche Wärme herrschte nunmehr in mir.
Sanft erklang die Stimme der Flammen:
„Sehnsucht nach Wahrheit ist, was in dir und mittlerweile auch um dich brennt.
Dieses Feuer ist heilig.
Es formt und stählt dich.
Es hält dich wach.
Und es verhindert, dass du vergisst."
Ich sprach: „Die Qualen, die ich erleide, dienen dem Ziele, mich aufrecht auf meinem Wege zu halten und mich zu stärken?"
Es flüsterte: „Ja ... ja doch, ja ... ja doch, ja ..."
Und es sprach: „Und wisse: Wenn du dein Ziel erreichest, würden wir erlöschen. Heute wirst du bemitleidet ... doch morgen

kann es ganz anders aussehen … Wisse erneut: Du wirst immer etwas bekämpfen. Und du wirst nur geläutert ruhen, bis die nächste Woge dich erreicht."
Ich erhob mich von der Erde und flog in große Höhen, bis ich ein Funkeln in der Ferne entdeckte.
Sogleich flog ich darauf zu.
Bald blendete es mich und ich konnte nicht mehr darauf schauen.
Doch ungebrochen flog ich zu dem strahlenden Licht.
Und bald erreichte ich es.
Es sprach zu mir:
„Du hast mich gefunden.
Immer seltener werde ich gefunden.
Immer weniger werde ich besucht.
Immer häufiger werde ich nicht erkannt.
Weißt du, wer ich bin?"
„Nein", gestand ich.
Es sprach:
„Ich bin der Glaube an den Schöpfer."
„So ist der Glaube an den Schöpfer das, was ich gesucht habe", sprach ich.
„Ja. Und du bist anders als die, die mich zu früheren Zeiten erreichten", sprach es.
„Weshalb?", fragte ich.
Das Strahlen strich sanft über mich hinweg.
„Du sollst nun erkennen", sprach es.
„Was soll ich erkennen?", fragte ich.
„Es ist Licht, was in dir und um dich ist", sprach es.
Sodann entstand ein ohrenbetäubender Lärm und das Feuer verkehrte sich zu warmem Licht.
Ich konnte es nicht fassen.
„Ich litt und brannte für den Glauben?", fragte ich.
„Ja. Anders wärest du nicht fündig geworden. Wenn es anders gewesen wäre, hättest du schnell kehrtgemacht und wärest mit der Welt untergegangen", sprach es.
Ich umarmte die Strahlen und ich sprach zum Abschied:
„Wenig ist, was ich getan. Viel war, was ich gelitten.

Sterblich waren meine Ängste. Ewig war meine Sehnsucht und Suche.
Klein bin ich. So groß mein Schöpfer."
In heutiger Zeit ist es schwer, den Weg der Wahrheit zu betreten. Doch am Ziele erwartet dich der Lohn des Schöpfers.
… Somit können nur die, die bereit sind, zu brennen, jenen Weg gehen.
So saget: Wer hat Mut?
So saget: Wer ist stark?
So saget: Wer ist unerschrocken?
… Und ich sehe dich aufbrechen.
Wohlan.
Bezeuge der Moderne dein Heldentum.

Leidenschaftliches Brennen

„Ich brenne, leide und wüte.
Das ist meine urgewaltige Leidenschaft!", hallte es aus dem lodernden Wald.
„Ich breite mich aus, so weit es nur geht, umfasse die Welt mit meinen Fängen! Alles ist mein, alles soll zu mir gehören! Ein jeder soll erkennen: Ich lebe bis in meine kleinsten Ecken hinein, meine gigantische Fülle!"
Dies schallte aus den züngelnden, flackernden, wallenden und tobenden Flammenmengen. Das gewaltige Feuer brannte und zerstörte das Land und den erzitternden Wald.
„Ich nehme keine Rücksicht auf schwaches Leben, denn meine Erfüllung bestimmt meinen Drang. Und meine Erfüllung ist die Leidenschaft, die versengende Liebe in meinem Innersten, sie soll sich ausweiten und alles erfassen.
Denn zu groß ist mein Sehnen, danach die höchsten Höhen und entlegensten Ufer zu erreichen!"
So nahm das gewaltige Flammenmeer keine Rücksicht und wuchs an zu einem zerstörerischen Ungeheuer.
Doch sodann hielt es kurz inne, es vernahm ein bekanntes Geräusch.
Ein Flehen und Rufen drang bis hin zu seinen Ohren.
Es war ein Lagerfeuer weit entfernt.
Es erkannte im Dunkeln den Verwandten in der Ferne.
„Halte an, du rücksichtsloses, unersättliches Feuer. Willst du denn vernichten diese unschuldigen Wälder? Sie dazu zwingen, für dich unterzugehen? Willst du reines Leben auslöschen, die Wälder und Blumen und das Getier? So sage, willst du diese feine Welt für deine Eitelkeit zu Grunde richten? So halte ein, denn sonst wirst du einer der Ungerechten sein!"
Das Flammenmeer hielt kurz inne, um dann ärgerlich aufzuglühen.

„Seit jeher ist es dem Feuer eigen, zu brennen, bis alles in Schutt und Asche liegt. Denn je mehr es isst, desto mehr hungert es! So rede nicht weiter, ich suche, mein Wesen zu erfüllen! So unersättlich, so voller Überfluss!"
Das Lagerfeuer sprach nun eindringlich.
„Siehst du denn nicht, dass Leidenschaft, die ungebändigt ist und ohne lichte Grenzen, nur zerstört? Trübt sich dein Geist? Lässt du deine Zügel und deinen klaren Verstand los? Egal was, es schadet nur. Du hast keinen Nutzen mehr. Denn alles, was zu viel ist, wird schaden. Wo bleibt deine Tugend? Hast du das Recht, für deine Ziele zu zerstören und die Wälder zu vernichten? Ist es denn gut, hochmütig zu sein und andere als wertlos zu sehen und als überflüssig zu bezeichnen? Darf denn nicht der Schöpfer allein über Sein und Nichtsein entscheiden?
Gebärdest du dich nicht als eine Göttlichkeit, und wird das nicht im ewigen Verlust enden? Und doch, wärest du auch eine Göttlichkeit, warum hinterlässt du nur Tod und Vernichtung, wo du doch Leben säen sollst?
So sieh mich an: Ich bin ebenso voller Leidenschaft, doch wahre ich meine Grenzen. Ich bin hier, unter Kontrolle und voller Nützlichkeit. Denn ich spende den Menschen Wärme und halte sie dadurch sogar am Leben.
Denn weißt du nicht, dass völlige Kälte und völlige Hitze sie zerstört? Angenehm warm und mild, ja, das lässt sie munter werden. So nutzen sie mich und stellen ihre Nahrung her.
Ja, in gewisser Weise besitzen auch die Menschen ein lichtes Feuer in sich.
Sie nennen es Liebe und Leidenschaft.
In gesunden, guten Mengen beflügelt sie dieses Feuer und lässt sie wahre Wunder bewirken.
Alles, was zu viel ist, zerstört sie."
Schon wollte das große Flammenmeer amüsiert auflachen, als Menschen rettend erschienen und den Zerstörer angriffen.
… Nach und nach verlor das große Feuer an Kraft und wurde kleiner.
Sodann rief es verzweifelt in banger Angst zu dem Lagerfeuer.

„Es scheint, die Zeiten zerstörerischer, todbringender Leidenschaften hätten nun ein Ende. Die Menschen fanden hier einen Weg, mein zerstörerisches Wüten zu beenden. So hattest du Recht, du Lagerfeuer von menschlicher Hand.
… Ich sehe, ich werde von Erden schwinden.
Doch habe ich rechtzeitig erkannt: In dieser Welt ist rastlose Leidenschaft in urgewaltiger Form kaum noch möglich … Doch so höre, ich bin und bleibe Leidenschaft. Keine argen Absichten hatte ich. Doch auch du sprachst richtig: Ich habe kein Recht, anderen Leid und Pein aufzuerlegen. Aber ich habe dank dir, mein Freund, einen Weg gefunden, zu überleben: … Ein Lagerfeuer will ich nicht sein, das engt mich zu sehr ein. Denn weiterhin will ich bis in alle Ewigkeit brennen … Und dazu wähle ich den klugen Menschen. Mein Wesen soll nach diesem Misserfolg auf edle Menschen übergehen und sie aufrecht halten in ihrer Lebensprüfung auf Erden.
Denn in Wahrheit galt meine Leidenschaft nur einem: dem Schöpfer allein.
Die Liebe zu Ihm versengte meinen Verstand. So sage, war ich denn ein endloser Tor, so rücksichtslos und gewaltvoll zu sein, da ich vor lauter versengender Liebe nicht mehr zu sehen vermochte?
… So lasset mich ein in die Brüste reiner, kluger und begabter Menschen.
… Sicher, sie werden in Atemnot geraten. Sie werden unzählige Male an den Flammenwogen erzittern, verbrennen und innerlich sterben … doch egal, was auch geschieht, sie werden mich fest umfassen und den Verfall der Leidenschaften in das Irrige vermeiden.
Nein, die Leidenschaften werden die Guten beflügeln.
Denn jene verwerfen Schlechtes, bekämpfen Boshaftes und meiden Sündhaftes.
Und sie laufen entgegen dem Reinen Tugendhaften und kämpfen dafür und verteidigen es.
… Fortan soll mein Feuer in diesen Menschen brennen und sie beflügeln auf Erden, sie aufrecht halten auf dem Wege, der zu Allah allein führt …"

… Und als die letzten Flammen des Feuers erstarben, sprach es seine letzten Worte:

„… O mein Schöpfer, … ich war doch nur so völlig erblindet vor endloser Liebe zu Dir, so vergib diesem Tor und erfülle seinen letzten Wunsch … O Du mein Schöpfer …"

… Die fleißigen Menschen hatten es geschafft. Das Feuer war gelöscht. Erfreut jubelten sie und ebenso trauerten sie um den zerstörten Wald.

… Plötzlich umhüllte jenen Ort ein strahlend helles Licht, hob sich an in die Höhe und flog funkelnd davon in alle Himmelsrichtungen.

… Das Lagerfeuer, das zuvor mitleidig um das verschwundene Feuer, den törichten Verwandten, getrauert hatte, jubelte nun voller Heiterkeit.

„Dein Wunsch geht nun in Erfüllung, du armes Feuer … Denn du hattest auf Erden zu viel Kraft und hast dadurch nur Zerstörung bewirkt. Doch nun gehe ein in gute Leiber.

Jene werden mit dir durch Kampf um Kampf schreiten und an und mit dir wachsen.

… Erinnere sie stets daran, besonders wenn die Menschen zu vergessen drohen: Allah allein ist, was zählt. Und für Ihn kämpfen und leiden wir gerne."

Die stille Brust

In den Tiefen der finsteren Nacht wurde ein gleißendes, helles Licht geboren.
Doch das Licht stieg nicht auf in die Höhe, um die Erde zu erleuchten. Denn dieses Licht nahm das Offenkundige nicht als seine Heimat an.
Das Licht, war ja nicht aus dem Ur-Licht entstanden und folgte keinen vorgegebenen Bahnen.
Dieses Licht war von dem ehrwürdigen Schöpfer aus dem Ur-Sein erschaffen worden … aus dem ewigen Schweigen, dem Nichts, der Schwerelosigkeit … und der grundlosen Tiefe.
… Ein stiller Mensch, der doch so gerne in den endlosen Weiten seiner schweren Brust schwelgte, schöpfte aus dem allumfassenden Ozean, fand dieses so feine, klare Licht und nahm seine Bitte an.
„Nimm mich auf in deine Brust, die seit jeher so hold mit sich und den Welten kämpft, nicht oft offenkundig, doch im Geheimen an einem Ort, zu dem kaum jemand den Weg findet. Wo Kämpfe und Schlachten toben und der Welt Leben einhauchen.
So lege mich in die geheimste Ecke deines Herzens, in die kein Lebewesen Einlass findet.
Lass mich dort Wurzeln schlagen und mit dir wachsen.
Nimm mich auf und nenne mich einen Teil von dir.
Nimm mich auf und lerne, die Wahrheit zu erkennen und mit Weisheit und Mut zu verstehen.
Nimm mich auf … und du wirst deinen Weg finden … ob bald oder später … der Weg wird nicht mehr fern sein.
Und wenn du mich dann aufgenommen hast, gehst du ein heiliges Bündnis ein:
Du wirst brennen. Sehnsucht erfüllt dich so sehr …
Du wirst suchen. Eine ewige Wanderschaft trittst du an …
Du wirst leiden. Doch so schön sind lichte Leiden und stärken dich vom Grunde aus …

Du wirst lieben. Eine göttliche Liebe, ein urgewaltiges Vertrauen und eine machtvolle Stütze erfassen dich …
… Hast du mich erst einmal aufgesogen in deine noch düstre Brust, die leidet in dunkler Nacht und doch das Kämpfen nicht aufgibt, so hast du einen Freund und Helfer in jeder Not.
Und ist deine Prüfung auf Erden dann noch so schwer, so erfüllt dich doch eine Seligkeit von einer so endlosen, tiefen Quelle, sie mag nie mehr verebben.
… Manches im Leben will dich sodann zu sich locken und dich betören.
… Ach … Ich werde dich zurückreißen sodann, zurück zu mir … Denkst du denn, ich ließe von dir? …
Denkst du denn, du seist nicht länger ein Teil von mir? … Und glaubst du denn wirklich, meine endlose Liebe würde noch von dir weichen?
O weh … Verstehe doch, Geliebter, du bist mir zu kostbar, um in der Versenkung zu verschwinden …
Bis hierher hast du gekämpft. Ich bin nun dein Lohn … Und ich werde dich stets an mich reißen, wenn du dich vergisst.
… Wenn du vergisst, wer du wirklich bist.
… Wenn du nicht mehr daran denkst, wie heilig du doch bist.
… Denn ach, du Geliebter, du bist Sehnsucht.
… Du bist der zarte Hauch des allgegenwärtigen, allwissenden und allmächtigen, vollkommenen Schöpfers.
Du! Denn du bist der Statthalter auf Erden, zu bezeugen, wer du bist.
Sei gut, entscheide dich stets für das Rechte und bemühe dich mit Herz und Seele für das Gute.
… Und wenn auch niemand wahrnimmt, was in deiner Brust brennt, wie sehr du mit deinem strahlenden Licht kämpfst: Der Schöpfer sieht alles, ob offenkundig oder im Geheimen.
… Gib niemals auf.
… Der Schöpfer ist mit uns.
… Und ich, dein Licht, werde stets dein Begleiter sein …"
… Und der kämpfende Mann wurde bald ein Held, ein Heiliger und ein Mythos …

… Und die Welt? … So schmerzlich es auch ist … Sie lernte diesen Mann nicht kennen … Denn dieser ging einsam seinen Weg in der grauen, lauten Welt … Insgeheim war er der Kämpfer des Lichts … Und überließ allen Lohn dem Herrn der Welten … Und die Welt blieb aufrecht bestehen dank dieses verborgenen Schatzes des Göttlichen … Und aller Lohn und alle Wahrheit über jenen stillen Kämpfer und weitere, verstreut auf der ganzen Welt kämpfende Helden wurden offenbar und offenkundig beim Eintritt in das wirkliche Dasein:
Zu Beginn des ewigen Daseins.
… Dann wird der Herr der Welten alles offen darlegen: Was war in deinen Taten … Was war in deinen Absichten und deinen Zielen. Und was war in deiner Brust und deinem Herzen. Wähltest du das Licht oder die Nacht?
… Oder gingst du irgendwo dazwischen unter?
Wähltest du den ewigen Sieg oder die endlose Niederlage?
Wähltest du den Schöpfer oder wähltest du die Verdammnis?
… Niemand zwingt dich zu etwas.
Auch nicht der Schöpfer.
Im Leben entscheidest du.
… Und in der Ewigkeit wählt sodann der Schöpfer.
So gehe … Das Licht steht jederzeit bereit … bis zum Schluss deiner Erdenprüfung … Du allein wirst entscheiden.
… Der Schöpfer möge mit dir sein.

Das Feuer

In einem Land brach einst ein Feuer aus.
Es brannte lichterloh und wuchs mit gefährlicher Schnelligkeit an.
Bald nannte man dieses Land „die sengende Hitze".
Und die Einwohner dieses Landes wurden zu dem Feuer geführt.
„Kommt zu mir und erlangt Macht", sprach das tiefe Rot.
Und die Menschen kamen.
Die, die dieser gefährlichen Einheit widersprachen, wurden vertrieben und isoliert und die, die dagegen ankämpften, vertilgt.
„Folgt mir und erhebt euch über andere", frohlockte die Glut.
Und die Menschen sammelten sich zu einer großen Einheit.
Bald, da sie geblendet waren, erwuchs eine Einfältigkeit in den Massen.
Man sah nur noch den Wunsch, zu überleben und überlegen zu sein.
Jeder wollte den anderen übertreffen, sodass sie sich hoffnungsvoll einreihten und die brennende Hand des Feuers zu küssen suchten.
Und schon bald waren sie ebenso Feuer.
Die Haut kann schließlich der Hitze nicht lange widerstreben, sie schmilzt dahin.
Das Herz verliert seinen Willen und zerspringt.
Der Verstand will Macht, so öffnet er sich.
Macht.
Gebt doch noch mehr Macht.
Überfluss.
Gebt doch noch mehr Überfluss.
Das Feuer entdeckte einen Bienenschwarm.
Dieser kämpfte an gegen den Feind.
„Ihr besitzt etwas, das mir gefällt", raunte das Flammenmeer.
Und es holte sich den goldenen Honig der Bienen.
„Dies ist unsere Existenz, lass ab. Kein Recht hast du zu deinem Tun", riefen die arbeitsamen Tierchen.

Dennoch nahm das Feuer, was es wollte.
Es nahm alles von denen, die nicht zu ihm gehören wollten.
Den sich Widersetzenden wurde das Lebensgut geraubt.
„Nun endlich kommt auch ihr.", sprach das Feuer.
Viele gaben auf.
Nur noch eine Hand voll blieb zurück.
„Nein!", riefen sie.
„Es gibt noch Hoffnung für uns. Der Schöpfer wird uns erretten."
Das Feuer lachte.
„So lange schon wüte ich umher. Und noch immer hat mir euer Herr keinen Einhalt geboten.
Ich tue mit euch, wie mir beliebt, und dennoch bin ich es, der belohnt wird.
Wo nur, sagt mir, ist euer Gott?"
Mit letzter Kraft richteten sich die Freien auf.
„Damit du noch mehr Unheil anrichten kannst und dich damit tiefer in Schuld verfängst, lässt dich der Herr gewähren.
Im Leben nach dieser Prüfung, wo die Ewigkeit wartet, wirst du mit voller Wucht ergriffen und gerichtet werden.
Und was uns anbelangt – wir hatten uns entfernt von des Schöpfers gnadenreicher Hand und anderem mehr Aufmerksamkeit gewidmet. Wir wurden selbst zu Weltabhängigen.
Und nun stehen wir mit leeren Händen da.
Nun gibt es für uns keinen Schutz mehr vor dem Feuer.
Aber höre dies:
Mit Leib und Seele eilen wir nun zu des Schöpfers Thron und bitten Ihn um Vergebung.
Er ist unser Erschaffer und wir flehen Ihn um Beistand an.
Und auch wenn wir nun verenden sollten, wir werden uns nicht von Ihm trennen!"
Das Feuer lachte.
„So sterbet endlich."
Mit Grausamkeit und Unabwendbarkeit näherten sich die Flammen und umschlossen die wenigen Rechten, bis ein Donnern erscholl vom Himmel.

Gemeinsam blickten sie auf und schauten empor, erschrocken und verwirrt.

Graue Wolken schwebten schwer und düster über ihnen und mit dem nächsten Donnergrollen platzte Regen auf Erden hernieder.

„Weißt du denn nicht, du großspuriges Feuer, dass jeder, ob gut oder schlecht, auf im Erdreich seine Frist erhält? Wusstest du denn nicht, dass auch du bald von der Weltenbühne verschwinden würdest und dich dann des Schöpfers gerechter Lohn erwartet? Nun wisse auch, dass der Schöpfer für alles ein Gegenmittel hat, und ohne direkt einzugreifen, um sich zu Gunsten der Prüfung zu verbergen, straft Er mit der Hand seiner Diener. Nun verschwinde endlich mit deinem armen Gefolge und erscheine hier niemals wieder. Andere Schlechte werden kommen. Doch auch sie werden gehen.

Und ihr, ihr glücklichen Widerstrebenden, lebet wieder frei und zufrieden, doch tragt ihr ebenso Schuld.

Lasst das Übel schon am Anfang nicht gewähren, bevor es so viel Macht erlangt, dass ihr ihm nicht mehr widerstreben könnt. So sehet.

So versteht ihr nun …" Das Feuer erlosch krachend.

„… dass alles Schlechte schwach ist.

Denn es hat keinen, der hinter ihm steht."

Die Sonne

Einst schien die Sonne am Himmel.
Die Menschen und auch ich dankten Allah für dieses Geschenk und gingen unseren Arbeiten nach.
Dann wurde es Abend.
Argwohn und Streit breiteten sich unter den Menschen aus.
Nach und nach verstrickten sie sich in der Sucht, der Stärkere sein zu wollen.
Und je dunkler es wurde, desto wüster sah es auf Erden aus.
Und als sich die letzten Strahlen der Sonne verabschiedeten, traten alle Übeltäter heraus und sahen die Dunkelheit als Gelegenheit zuzuschlagen.
Die Sonne war verschwunden.
Und die Menschen führten viele Schlachten und Gefechte.
Ein großes Durcheinander herrschte und viel Leid schlummerte in so vielen Seelen.
Einige wenige Gute schlossen sich zusammen.
Und bald hatten sie einen Plan.
Sie wollten die Sonne zurückholen, damit das Schlechte weichen müsse …
Sie gingen dorthin, wo sie untergegangen war, und mit Seilen und Stricken versuchten sie, die Sonne herbeizuzwingen.
Ich schaute aus dem Fenster, zog den Vorhang beiseite, und ausdruckslos versuchte ich all den Mühen, all dem Unheil, all dem Chaos einen Sinn zu geben.
Einen einzigen Sinn fand ich.
Es fehlte der Glaube an den Schöpfer.
Diejenigen, die zu sonnigen Zeiten geglaubt hatten, hatten diesen Glauben nun vergessen, aufgegeben oder bei dem vielen Kämpfen beiseitegestellt.
Und deswegen konnten sie die Schlechten nicht besiegen.
Das Schlachtenglück ging lediglich hin und her.

Ich kämpfte nicht.
Es war noch nicht an der Zeit dazu …
Bald wandte ich mich von den Streitenden ab und blickte zu den Verzweifelten, die die Sonne zurückholen wollten.
Ich wusste, wie sinnlos diese Mühen waren.
Denn die Sonne folgte ihrem Lauf.
Dann schaute ich zum Mond.
Er strahlte wunderschön weiß …
Ein Geistesblitz durchfuhr mich.
Der Mond spiegelt das Licht der Sonne wider.
Die Sonne war also nie fort.
Sie war immer da.
Das Licht war immer da.
Nur hatte sie sich von uns abgewandt.
Und wir selbst waren schuld daran …
Dann schaute ich zu den Verzweifelten.
Und ich dachte:
„Ihr sucht die Sonne dort, wo sie unterging.
Sie wird dort jedoch nicht aufgehen."
Ich flüsterte: „Im Osten … im Osten geht die Sonne auf."
Ich nahm eine Laterne und zündete sie an.
… So kann man Licht herbeiholen, wenn man es braucht.
Und bald, nach der Läuterung der Guten, hielten alle Gläubigen eine Laterne und gingen nun sicher und entschlossen auf die Üblen zu.
Diese sahen erschrocken das helle Licht … und flüchteten zu ihren sicheren, dunklen Verstecken.
Die Gläubigen jubelten.
… Und daraufhin sahen sie im Osten das Licht aufleuchten.
Die Sonne gebar wärmende, liebliche Strahlen.
Noch größer und dauerhafter war die Freude daraufhin.
Tränen wurden vergossen, Lachen stieg zum Himmel empor und die Menschen dankten dem Schöpfer und gingen erneut ihren Pflichten nach.
Ich schaute hinaus auf das Leben jenseits meines Fensters.
Die Menschen waren schwach erschaffen worden.

Die Menschen waren vergesslich.
Und in jedem Menschen war Gutes wie auch Schlechtes.
Und die, die bei Tage ihr Schlechtes verbargen, ob dieses nun größer war als ihr Gutes und das Gute gänzlich verdunkelte, würden bald wieder zuschlagen.
Und dann würde es wieder dunkel werden.
War dies unser Schicksal, da die Sonne immer untergeht und dann wieder erscheint?
Nein.
Nur weil wir Menschen für die Sonne so berechenbar und durchschaubar sind, weiß sie immer im Voraus, wann sie verschwinden muss und wann wieder zum Lohn erscheinen.
Denn so berechenbar ist der Mensch … Unsere Geschichte beweist es …

Die Wand

Da lag eine Wand.
Diese Wand war weiß und eben.
Keine Risse waren an ihr zu sehen.
Und nur diese Wand lag da auf einer sommerlichen, satten Wiese.
Die Umrisse der Wand waren ebenmäßig.
Sie war ganz, obgleich sie irgendwann umgefallen sein musste.
Warum bist du nicht in mehrere Brocken zerbrochen, nach jenem Aufprall?
Oder hat man dich behutsam hierhergelegt?
Was ist dein Sinn?
Etwa das Bild, das du trägst?
Das auf dir ruht?
Was ich auf dem Bild sah?
Ich sah etwas sehr Beeindruckendes.
Etwas mir besonders Wichtiges.
Ich werde dir nicht sagen, was ich sah.
Denn das Geheimnis dieses Bildes ist:
Jeder sieht etwas anderes darin.
Da stand ich nun vor jenem Bild.
Es lag schief.
Da begradigte ich das großes Gemälde.
Und es lag endlich richtig herum vor mir.
Plötzlich stand ein Fremder neben mir und schaute mich belehrend an.
„Siehst du denn nicht, dass das Bild schief liegt?" Er stellte es so hin, dass es vor ihm lag.
„Jetzt passt es."
Eine weitere Gestalt erschien gegenüber von uns. „Was um Himmels willen macht ihr da?" Und sie rückte das Bild zurecht in ihre Richtung.
Der Mann zog Luft ein.

„Du hast das Bild auf den Kopf gestellt!"
Die Frau schüttelte ihren Kopf. „Nein. Ich habe das Bild vor dem Untergang bewahrt."
Mit einem Mal stand eine Menschenmenge im Kreise um die Wand zusammengedrängt.
„Da hin." – „Nein, so hin." – „Hört auf, so ist es richtig."
Man zerrte und zurrte an jenem Bild.
Alle wollten helfen.
Aber so helfen, dass es ihrer Ansicht nach passte.
Ich regte mich nicht und schaute still zu.
Mir war, als sähe ich Leid in jenem Bild.
Ihre Ehre, ihr Stolz, ihre Größe des Gemäldes, wo waren sie geblieben?
Schnell, bevor wir uns entehrten, riss ich das Bild aus dem Durcheinander heraus.
Erstarrt waren wir nun alle.
Es dauerte seine Zeit, bis wir begriffen.
Zu lange waren unsere Gedanken auf eine Sache gerichtet gewesen.
Obgleich ich das Bild noch bewegungslos hochhielt, richteten sich alle auf.
Wir schwiegen.
Ich deutete auf das Bild.
„Das Bild ist, was es ist, egal, wie ihr es auch dreht."
Eine Gestalt sprach.
„Wenn wir die Wand aufrichteten, so stünde sie richtig."
Ich sprach nicht sogleich sondern wartete.
„Wir werden dieses Bild nur schwer richtig hinstellen können. Denn jeder denkt beim Ausrichten nur an sich und die, die bei ihm stehen."
„Was ist also richtig?", fragte eine Person.
„Legen wir es auf unser Herz und machen es zu unserer Krone. Ist es da nicht gleich, wie dieses Bild liegt?"
Die Menge war noch nicht zufrieden.
„Wir müssen doch wissen, wie es richtig ist."
Gemeinsam stellten sie die Wand auf und hängten das Bild gerade hin.

Wie gebannt schauten sie das Gemälde an.
Manche dachten, das Bild stünde zu weit weg, zu weit links, zu weit rechts, zu nah.
Und andere hatten bereits begriffen. Mit Wärme und Liebe betrachteten sie das Bild.
Viele sahen wohl mehr und Schöneres inzwischen.

Und bevor ich ging, dachte ich: „Nicht das Bild nach euch, ihr müsst euch doch nach dem Bilde richten."

Der reißende Strom

Heute nun muss ich sehen: Ich befinde mich in einem reißenden Strom.
Ich werde mitgerissen.
Und ich lasse mich mitreißen.
Ich versuche, allem gerecht zu werden.
Es ist nicht leicht.
Und es ist erdrückend zu sehen, dass ich bald, sollte ich keinen Weg herausfinden, selbst zu jenem reißenden Strom gehören werde.
Besonders gefährliche Schnellen sollte ich an seichteren Stellen umgehen.
Und ich sehe durch das eilende Nass:
Alle präsentieren sich.
Man fühlt sich hässlich vielleicht, schön vielleicht, schwach vielleicht oder stark vielleicht.
Jenes Wasser sagt, ich bin überlegen, schlammiges Wasser bleibt am Grund und erhebt sich ungern.
Will das Wasser denn keine Einheit sein?
Sich selbst misstrauend, wirbelt es und fließt und springt und umschlingt und gleitet und schwebt und schlägt um sich.
Wasser, ich flehe dich an, du bringst mich zum Schwinden. Und bringst mich zum Schwindeln. Und bringst mich zum Schweigen.
Um mich jene Rastlosigkeit, in mir jene Tollwut, ich bin daran, mich zu verlieren.
So sage mir Wasser, lebe ich?
Oder werde ich von allem Äußeren gelenkt?
Alles fließet, du Wasser. Alles geht in eine Richtung, du Wasser. Und alles begnügt sich damit, du Wasser.
So sage mir, Wasser, lässt du mich hier heraus?
Warum denn nicht, erkläre es mir.
Würden dann andere folgen wollen?
Willst du mich nun ertränken?

So glaube, du Wasser: Wenn der Herr mich wieder allein ließ,
wollte ich es erneut versuchen, hier herauszufinden.
Denn ich will nicht länger dein Wasser sein.
Ich will ein Tautropfen sein, ich will Wasserdampf sein und nicht
mehr hier bei dir sein.
Doch so erkenne ich: Auch dann werde ich von außen gelenkt.
Von der Sonne Hitze aufgefordert, dich zu verlassen, von des
Ufers Willen festgehalten, ich solle dich verlassen, von der Blüte
gelockt, um sie nicht zu verlassen.
So sage mir doch endlich, Wasser, wo soll ich hin?
Wohin mich wenden?
Und nun endlich sage ich dir dies, du Wasserstrom:
Wenn ich schon nicht sein darf ohne fremde Lenkung, will ich
vom Größten aller Lenker gelenkt werden.
Die Blume wird von Erde, Wasser, Sonne und Jahreszeit gelenkt.
Die Sonne wird vom Weltall gelenkt.
Und das Weltall?
Nicht nur das Weltall, du fließender Strom, auch du?
Und alles andere Sichtbare und Unsichtbare?
Alles wird von dem Schöpfer gelenkt, du wilder Fluss.
Und auch wenn ich mich mit oder ohne Willen lenken ließe, es
soll für den Herrn geschehen.
Die Richtung, in die ich fließe, mag die verkehrte sein.
Doch dann bleibe ich am Rande, wenn ich schon nicht von dir
fortkomme.
Und wer weiß, vielleicht erreiche ich dann ein ruhigeres Land.
Und vielleicht darf ich irgendwann schweben.
Ich will warten, Fluss.
Etwas anderes bleibt mir nicht übrig.
Und eines Tages, du Nass, wird es so weit sein.
Ich glaube daran.
Von Herzen.
Denn der Schöpfer ist groß.
Lang ist meine Reise bisher gewesen.
Lass uns sehen, wohin sie uns führen mag.

Und höre: Vielleicht, wenn ich auch nicht von dir loskomme, enden wir als kleines Bächlein oder münden ins tiefsinnigen Meer? Unser aller Reise ist ungewiss.

Und wir merken doch nicht, dass jedes Tröpfchen Wasser dazu beiträgt so zu sein, wie wir sind.

Versprichst du mir das?

„… Alles ist gut und schön.
Ich bin glücklich.
… Und ich merke nicht einmal, dass ich glücklich bin.
Alles ist schön und geht in die richtige Richtung.
… Hoffentlich bleibt alles immer schön und gut."
… Mit einem Mal türmen sich dunkle Wolken auf.
… Ein Leid.
… Ein zweites Leid.
… Und ein weiterer Schmerz …
… So hängen allmählich die Schultern herab.
… So häufen sich Ohnmacht, Unerträgliches und Versengendes …
… So dunkel wird alles mit einem Mal …
… Was nun? … Wohin sich wenden? … Wenn sich vor dir mehr und mehr Türen verschließen? … Einfach aufgeben? … Dem Leben die Niederlage verkünden? … Wenn das Leben nicht mehr so will, wie du willst? …
… Und in der Ferne erscheint ein Funkeln in der Düsternis. Es nimmt Form und Gestalt an und steht mit einem Mal wie ein kleiner Stern vor dir.
… Leiddurchtränkt blickst du zum Licht.
Wut kocht in dir auf. Du willst es nicht sehen.
„Geh hinfort! Ich will dich nicht! Was kommst du nun, da ich alles Gute verloren habe? Was kommst du nun, da ich allein an diesem Ort stehe, ohne Zuflucht, bloßgestellt vom Dasein? Was willst du jetzt noch von mir? … Mir Mut vorgaukeln? Mich zu besänftigen suchen? Nein! Ich brauche dich nicht! Im Stich hast du mich gelassen! Hinfort! Hinfort mit dir!"
… Du krümmst dich vor Schmerz und leidvoll senkst du dein Haupt.
„… Weder dich noch deinesgleichen … Ich will euch nicht …"

… Das Licht schweigt und wärmt, Mal um Mal.
… Das Licht schweigt und liebt, mehr und mehr.
… Du kommst vage zu dir und atmest ein.
… Du lehnst dich zurück an die Wand und warme Tränen ziehen strahlende Spuren über dein Gesicht.
… Das Licht nimmt zu an Größe und erfüllt den ganzen Raum. Leise beginnt es zu sprechen und ein himmlisches Wohlgefühl macht sich breit in deiner Brust.
„Schwer wirst du geprüft, liebstes Kind.
Schwer ist nun deine Bürde nach wonnigen Zeiten.
Doch du stehst nicht allein.
Die Engel am Firmament leiden mit dir und weinen um deiner großen Last willen.
… Doch der Weg zum Herrn ist nicht mehr weit.
… Gib nicht auf, du Kind der Himmel.
… Lass deine Zügel nicht fallen.
… Bis zum Schluss sollst du kämpfen.
… Versprichst du mir das?
… Willst du kämpfen, mit dir und der Welt für den Schöpfer der Welten, bis zum Schluss?
… Versprichst du mir das?
… Willst du kämpfen im Leben, soweit deine Kraft reicht, und nicht verzagen?
… Versprichst du mir das?
… Dass du sodann glorreich die Ewigkeit betrittst, ganz gleich, was die Welt sagt?
… Dass du weitermachst, ganz gleich, wie schlimm es um dich steht?
… Dass du an dich und den Schöpfer glaubst, ganz gleich, wie die Welt dich sieht?
… So stehe auf, mein Kind, und erkenne fortan, dass du der Schatz des Herrn bist und im wahren Reich deine große Huldigung erhältst.
Nur musst du dieses noch lernen: Glaube daran, es wird alles, alles gut. Und bete zu deinem Herrn, Er möge dich retten und aus dieser Düsternis befreien. Du musst bei deinem Schöpfer auf-

richtig darum bitten und fest an deinem Wunsch festhalten und dich danach ausrichten.
Und nun komm, mach dich auf den Weg, dem Lichte entgegen. … Ich werde stets dein Begleiter sein."
Und sodann stehst du auf und lächelst strahlend.
… Und Hand in Hand gehst du mit dem Licht durch die Welt … Die Dunkelheit weicht mit jedem Schritt ein Stück zur Seite und das Licht erfüllt dich nunmehr, wie innen, so auch außen.

Der Wandel der Perle

Ein Meer liegt vor uns.
Eine schlimme Gegend umgibt es.
Unentwegt muss man mit Gefahren rechnen.
So erscheint es uns, wenn wir einen kurzen Blick um uns werfen.
„Achten wir heute nicht darauf", denken wir uns.
Und so stehen wir und betrachten das Meer genauer.
Es hat eine schöne türkise Farbe und glitzert uns an.
Was mag dort denn Schönes sein, wenn seine Umgebung so düster scheint?
Doch geben wir dem inneren Drang nach und nähern uns diesem Nass.
Es wärmt unsere Füße.
Doch weiter will keiner gehen.
Gibt es denn keine Mutigen unter uns?
Eine Person überwindet sich und hechtet in das Wasser.
Lange Zeit warten wir darauf, dass sie wieder erscheinen möge.
Und als einige der Person nachschwimmen wollen, taucht sie auf.
Doch jene Person hat sich verändert.
Geläutert erscheint sie vor uns.
Und sie ruft: „Ich hätte es nicht vermutet, doch dort unten ist es wunderschön!" Und sie hält etwas in die Luft: eine große Perle …
Die Person ist beglückt. Sie spricht:
„Zuerst war es so dunkel … doch ich gab nicht auf. Noch tiefer tauchte ich ein. Ich wollte das Geheimnis dieser düsteren Umgebung und des plötzlich so dunklen Meeres lüften. Und als ich fast umkehren wollte, wurde es heller um mich. Und je weiter ich vorstieß, desto schöner und heller wurde es. Und als ich verzaubert alle Eindrücke in mich aufsog, erkannte ich ein Funkeln. Meine Lungen, die zuvor nach Luft verlangten, gaben mit einem Mal Ruhe. Ich schwamm auf dieses Funkeln zu und sah in einer Muschel diese Perle. Meine Sinne jubel-

ten, mein Körper flog nahezu. Und als ich diese Perle berührte, sprach sie zu mir."
Neugierig fragten wir die Person „Was sagte sie?"
Sie hob die Perle hoch. „Legt eure Hände auf sie."
Wir taten wie geheißen. Und eine Stimme erklang:
„So schwer wie mich erreicht ihr die Wahrheit." Und die Perle erstrahlte und nahm eine andere Form an.
Sie wurde zu einem Heiligen Buch.
Wir waren verwundert, doch unsere Herzen begannen zu ahnen …
Und wir hatten Fragen.
Dann kam ein Fremder.
Er sprach: „All eure Fragen beantwortet euch jenes Buch."
Und wir öffneten es. Und das Buch warnte zunächst davor, man möge nicht zu den Irrgängern auf Erden gehören.
Da sagte jemand: „Diese hier sind irregegangen."
Und die Person, die das Heilige Buch hielt, lächelte sonderbar und sprach:
„Die Frage ist, wer irregegangen ist … oder ob es überhaupt noch Rechte gibt …"
„Was sollen wir dann tun?"
Die Person hob das Heilige Buch an. „Wenn wir Ihm folgen, wird alles gut. So komme mit mir, wer kommen will."
Und langsam schritten wir voran, mit einer Ruhe in den Augen, die verdeutlichte:
Wartet auf uns.
Wir haben Zeit.
… Und folgt uns.
Wir sind bereit.

Der Untergang

Zu einer Zeit, in der noch Pferde die Wagen zogen und Feuer in den Kaminen brannte, bestritt ein junger Mann sein Leben. Das Volk, dem er angehörte, ging seinen alltäglichen Arbeiten nach und opferte beizeiten den Göttern besonders ansehnliche Tiere. Doch wurde der Frieden von einem Mann mittleren Alters gestört. Er predigte vor Menschenversammlungen von einem einzigen Gott und behauptete, er sei ein Prophet, ein Gesandter des einen Gottes.
Der junge Mann verfolgte das Verhalten der Dorfältesten.
Sie drohten dem Prediger und spotteten über ihn.
So nahm der junge Mann an, dies musste angebracht sein.
Also lachte er mit und pfiff laut.
Sogar der falsche Dichter oder Zauberer hörte das und schaute kurz in seine Richtung.
„Von jeher glauben wir und halten fest an unserem Glauben. Auch du wirst nichts daran ändern können", sprachen die Ältesten.
Unbeirrbar redete der angeblich Auserwählte auf die Umstehenden ein. Er sagte, er verlange keinen Lohn und nichts Weltliches. Er wolle nur die Menschen vor dem ewigen Verlust in des Schöpfers Namen retten.
Tagelang sah der junge Mann, wie er sich bemühte, die Menschen zu überzeugen.
Es war nicht so, dass er nicht von jenem Mann beeindruckt war, doch stellte dieser für ihn eine Gefahr dar.
Da musste etwas unternommen werden.
Die Götter würden sonst in Aufruhr gebracht werden …
Und ein Gott? … Vollkommen? … Ein Leben nach dem Tod? …
Er sollte sterben und dann wiedererweckt werden? … Himmel und Hölle? …
Es war, als greife jemand nach seinem Herzen und packe es. Schmerzerfüllt verkrampfte er sich.

„Er ist ein Zauberer. Schon versucht er, mich zu verzaubern.
Die Ältesten unseres Volkes werden besser wissen, was recht und gut ist.
Unser Glaube ist die Wahrheit.
Etwas anderes kann es nicht geben."
Und eines Tages, als der Erwählte sprach, riefen mehr und mehr Stimmen ihm erbost zu.
„Soll dein Gott uns doch eine Strafe schicken!"
„Wir sind bereit. Komme, was komme!"
„Na los, tu, was in deiner Macht steht!"
„Dann wollen wir ihm glauben."
Ein unsäglicher Schmerz erschien auf des Propheten Gesicht. Er schwieg zuerst, bis er zum letzten Mal sprach.
„Ihr werdet bekommen, was ihr wollt."
Stille herrschte. Dann riefen die Ersten:
„Er ist ein Hexer. Lasst ab von ihm!" Und sie verließen ihn.
Der junge Mann sah am folgenden Tag, wie der Prophet und seine wenigen Anhänger packten, um zu gehen und das unsägliche Volk, wie sie sagten, ihrem Schicksal zu überlassen.
Und nachdem sie abgereist waren, grollte die Welt auf.
In Panik liefen die Bürger der Stadt durcheinander.
Der junge Mann war wie Blei erstarrt.
„Gibt es ihn doch, diesen einen Gott? …"
Und ein Schrei erfüllte die Luft.
… Und ließ nur Asche zurück.
Dies für die, die den Schöpfer und seine Gesandten leugnen.

Das seltsame Spiel

Lasst uns ein Würfelspiel spielen.
Und die Steine sollen sich wie die Menschen verhalten.
… Der Würfel fällt.
Der erste Stein kommt an die Reihe.
Doch dieser rührt sich nicht.
Eisern verbleibt er dort, wo er steht.
Der Stein denkt: „Hier stehe ich und weitergehen liegt nicht in meinem Ermessen. Was ist, ist gut."
Dann kommt der nächste Stein an die Reihe.
Er achtet nicht darauf, was auf dem Würfel steht, und setzt sich auf irgendein Feld.
„Ich folge meinen eigenen Gesetzen", sagt er.
Dann kommt der nächste Stein an die Reihe.
Er geht doppelt so weit, wie auf dem Würfel steht.
Der Stein sagt: „Ich habe Besseres verdient."
Dann kommt der nächste Stein an die Reihe.
Er denkt: „Welches Recht hat der Würfel, meinen Pfad zu bestimmen? Ich gehe meinen eigenen Weg." Und er setzt sich auf ein Feld.
Dann kommt der nächste Stein an die Reihe.
Der Stein ist gebückt. Er zittert, während der Würfel rollt, und kaum bleibt dieser stehen und man sieht die Zahl, flitzt er los und setzt sich auf das rechte Feld.
Dann kommt der nächste Stein an die Reihe.
Der Stein geht ein Feld, dann zwei und dann legt er sich auf die Seite.
„Für heute habe ich genug getan", sagt er.
Dann kommt der nächste Stein an die Reihe.
Der Stein sagt: „Dieses Spielbrett ist Zufall. Von selbst ist es entstanden. Und meine Zeit auf diesem Brett werde ich bestimmen."
Dann kommt der nächste Stein an die Reihe.

Der Stein sagt: „Ich lebe nur einmal. Daher sollte ich das Leben genießen. Meine Welt ist Spaß."
Und er hüpft auf seinem Platz auf und ab.
Dann kommt der nächste Stein an die Reihe.
Er springt auf das Feld und schubst einige Steine von Feld und Tisch.
„Ich tue Schlechtes und niemand bestraft mich. Und ich bin gerne ein Übeltäter."
Dann kommt der nächste Stein an die Reihe. Er stellt sich inmitten des Spieles und ruft zu den anderen Steinen: „Dieses Spiel ist überholt. Denken wir uns neue, bessere aus."
Es gibt ein großes Durcheinander. Und dennoch wird das Spiel fortgesetzt.
Einem Spielstein fällt dieser Zustand zu seinem Bedauern auf.
Er ist nun an der Reihe.
Er fragt: „Weshalb soll ich dieses Spiel spielen?"
Man antwortet ihm: „Um an das Ziel zu gelangen."
„Was erwartet mich am Ziel?"
„Der ewige Lohn deines Schöpfers."
„Aber keiner folgt jenem Wege aufrichtig oder weiß, warum er ihn geht. Weshalb brecht ihr jenes Spiel nicht ab?"
„Wir warten, bis jeder Stein, an die Reihe gekommen ist."
„Und dann?"
„Dann bekommt jeder seinen Lohn, je nachdem was er erreicht und getan hat."
Der Stein nickt.
„So folge ich diesem Wege für den Schöpfer."

Der Schatten

Sie sprach: „Schatten, der du vor mir läufst, so unerreichbar bist du mir.
Ich sehe dich, du eilst mir voraus und immerzu, obgleich ich haste und laufe, stehst du vor mir.
Du erdrückst mich und merkst es nicht.
Du erwartest und berücksichtigst meine Mühe nicht.
Du bist gleichgültig und siehst meine Nöte nicht.
Du fließt dahin und keine Macht der Welt lässt mich dich erreichen.
Ich laufe ungestüm hinter dir her und du lachst nur.
So bleibe ich stehen und betrachte dich.
Mühselig und ermüdet setze ich mich auf den Boden und halte deinem Blicke stand.
Und ich denke mir:
Schatten, der du ruhst vor mir, du erwartest so viel.
Heute bist du mir überlegen.
Doch morgen schon wirst du hinter mir stehen und ich werde vergessen die Hast, die ich aufgebracht habe, um dich zu erreichen.
Denn morgen werde ich mehr erkennen und deutlicher sehen."
Und sie lief über Stock und Stein und schritt durch Sturm und Schnee und überquerte Berg und Tal.
Und es kam so weit, dass sie eines Tages im Laufen mehr erkannte ... und sie drehte sich um.
Der Schatten stand nun hinter ihr.
Und sie lachte.
Sie drehte sich um ihre Achse.
Und den Schatten nicht aus den Augen lassend, dachte sie:
„Nun sieh nur, du Schatten.
Immerzu hast du gelacht. War dies ob meiner Einfältigkeit?
Und nun erkenne ich:
Erst wenn du dich frei machst vom Zwang der Erwartungen, wirst du fähig sein, wieder zu sehen.

Meine Scheuklappen waren eine große Last, die ich nur schwer ertrug.
Und nun, da ich dich besser sehe, stehst du mir immer zu Füßen.
Meine Pläne und Ziele, die ich mir selbst erdacht habe, sind nicht rechtens. Sie fesseln mich nur.
Heute werde ich meinem Herzen nachlaufen und nicht verzagen.
Und um dies zu vermeiden, folge dem Herzen.
Denn im Herzen ruht der Schöpfer.
Er weist dir den rechten Weg.
Und ... Schatten, der du mich begleitest – eines Tages will ich lernen, zu verstehen, warum du immer lachtest."
Rauschend kam sogleich ein Wispern. Es umspielte ihre Ohren und sprach:
„Dein Mühen, das Rechte zu tun, bringen mich zum Lachen.
Und mein Mühen, deinem gewundenen Hasten zu folgen, bringen mich zum Lachen.
Und zu wissen, dass dein Kompass in dir ruhte und du es nicht merktest, brachte mich zum Lachen.
Doch nun hast du verstanden, das bringt mich zum Lachen.
Ich liebe dich. Denn du liebst das Gute.
Der Schöpfer umgibt uns. Das bringt mich zum Lachen.
Und nun geh nur weiter, bis dein Weg endet. Ich werde stets dein Begleiter sein."
In Frieden sodann begann die eigentliche Wanderschaft der Ewigkeit entgegen.

Da hinauf

Schon lange bin ich auf dem Weg, diese hohen Stufen zu erklimmen. Ich stehe, schaue um mich, manchmal zögere ich, manchmal ziehe ich mit mir vors Gericht, manchmal bemitleide ich mich, manchmal verliere ich die Orientierung – und tausend Geister versuchen, mich zu verführen und zu betören.
„Lasse ab von deinem Weg, bei uns hast du es viel schöner. Bei uns wird es dir gut ergehen und du wirst die besten Dinge erleben", sagen sie.
Die Geister ziehen mich sodann zurück, wollen mit aller Macht, dass ich die Stufen Stufen sein lasse und mich im Leben einfach mit ihnen treiben lasse.
Ich blicke alsdann um mich.
Ein Stück weit bin ich gekommen, natürlich.
Doch der Weg zurück erscheint so viel leichter als der hinauf.
Und schon kommen Zweifel auf.
Was, wenn ich hoch hinauskäme und dann tief hinab fiele?
Was, wenn ich verliere?
… Oje, du Zweifel, du störst mich jedoch nicht, die tausend Geister holen mich nicht herab von hier.
Weißt du denn nicht, du Zweifel, dass ich weit unten anfing?
Dass ich schon so oft verloren habe im Leben?
Nun sieh nur zu, wie ich da hinauf steige.
Es gibt kein Halten. Da hinauf, das ist alles, was ich will.
Du siehst, ich werde kämpfen.
Ich kämpfe und kämpfe einfach weiter und weiter – auch du wirst mich nicht halten.
Was nun, du lachst nicht mehr?
Gehst du nun über zum Angriff?
Schon kommen sie daher die Geister der Welt, wollen mich umgarnen – wenn sie mich denn so nicht aufhielten, kämen härtere Waffen zur Geltung?

Was nun, ihr klammert euch an mich? Wollt mich von den Stufen herabziehen, meinen Weg verhindern, mit allen Mitteln?
Nun denn, so klammert euch an mich.
Ich werde steigen die Stufen hinauf.
Ließet ihr nicht von mir, so würde ich euch mitziehen und tragen.
Tausend Geister, ich schleppe euch mit.
Tausend Gewichte, die ihr auf mir ruht, ich lerne euch zu tragen.
Tausend Geister, tausend Gewichte, ihr ließet nicht von mir?
So kommet mit.
Ob mit oder gegen den Willen der Welt, es geht da hinauf.
Ob der Lasten und tausendfachen Ablenkungen war seit jeher mein Haupt gesenkt.
Denn da hinauf, das will man von mir nicht sehen.
Denn da oben, da schwimme ich gegen den Strom.
Doch ich sehe nichts anderes mehr.
Da hinauf.
Und wenn ich dort bin?
Dann fand ich Wege, um zu sagen: Noch weiter, immer weiter da hinauf!
Haltet mich nicht.
Und endete mein Weg?
Ich käme wieder, ich käme zurück, um zu sagen: Da hinauf!

Das Meer

… Sieh hin, wie verführerisch ist doch das weite Meer.
… Wie sehr es doch mit seinen Reizen lockt und mich zu sich zieht.
… Wollt ich mich denn nicht fallen lassen da hinein? Und verlieren meine Orientierung und meine Sinne?
… Sodass ich durchzogen sei von den, mich umströmenden, Wellen und der Melodie der endlosen Weiten?
… Sachte tauchte ich ein und trank von dem göttlichen Wein, sodass ich vergaß, woher ich kam und wohin mein Weg mich leitete.
… Alles war still, trunken ließ ich mich treiben von dem sanften Nass.
… Ich sah den Himmel über mir und wie die Ewigkeit mich umgab und erfüllte. Tausend sanfte Wogen streiften an mir vorbei und gaben ihre Melodie an mich weiter. Inmitten des Rauschens vergaß ich, wer ich war, woher ich kam und wohin mein Weg noch gehen sollte. Alles war still. Es gab nichts und alles an jenem mächtigen Ort.

… Doch mein Freund, wie schnell kann dies Paradies umschlagen. Wie schnell können Gewitterwolken aufziehen und mich erzittern lassen?
… So, als es noch heiter und himmlisch war und meine Sinne zu sich kamen, atmete ich tief ein, ließ heimkehren mein Selbst in seine irdische Hülle, dankte Allah für sein kostbares Geschenk und entriss mich dem Meer erneut.
… Am Ufer blickte ich warm zu den endlosen Weiten.
Dies ist die Welt, du großes Meer.
Ließe ich mich gänzlich fallen, sie würde gnadenlos an mir rütteln.
Die Welt bürdet mir meine Pflichten auf und ich will ihnen folgen mit gutem Gewissen.
Und zöge erneut ein liebliches Säuseln auf, so ließe ich mich erneut fallen und zu dir sinken.

… Um sodann erneut meine Augen zu öffnen und meinen Pflichten und Aufgaben nachzugehen.
… Mein Herz zieht mich zu dir.
… Die Welt jedoch sagt, ich hätte viele Pflichten.
… So gedulde ich mich und lebe, solange ich bin.
… Und wir Menschen müssen wirken, um zu leben.
… Ein schöner Trost sind die Sekunden in dir, da wir eintauchen in die Welt der Endlosigkeit und Herrlichkeit.
… So viele Wege gibt es, dich zu erreichen.
Solange die Wege rechtschaffen sind, trinkt das Herz seine Nahrung, das Licht des allmächtigen Herrn.

Nicht sie

Ein großer Wasserfall ist, was ich nun sehe.
Doch nicht er ist, was mich rührt.
Ein schöner Fluss ist, was sich mir nun zeigt.
Doch nicht er ist, was mich bewegt.
Ein weises Meer ist, was vor mir erscheint.
Doch nicht es ist, was mir nahesteht.
Ein tiefer Ozean ist, was sich mir offenbart.
Doch nicht er ist, was mich läutert.
Ein lieblicher Bach ist, was vor mir plätschert.
Doch nicht er ist, was mich erreicht.
… Und ich sehe ein Rinnsal aus dem Auge des Gebeugten, Betrauerten, Bekümmerten und so Schmerzerfüllten treten.
Dieses Nass küsse ich und drücke ich an mich.
Dies ist, was mich berührt.
Dies ist, was ich liebe.
Dies ist, was ich umsorge.
Weine nicht.
Es gibt jemanden, der bei dir ist.
Zeigt die Welt dir auch ihre Fratze und verhöhnt dich, jemand ist bei dir.
So schrecklich alles auch mit einem Mal erscheinen mag, jemand wird immer bei dir sein.
Und mag alles an Wert verlieren, jemand bleibt davon unberührt.
Und bist du verletzt und man sieht dies und wird dir noch mehr aufgeladen – jemand umsorgt dich.
So nehme ich dich bei der Hand.
Der Schöpfer ist bei dir.
Er weiß um dich.
Nur wahrlich Er.
Er liebt dich.
Geh nur auf Ihn zu.

Sodass all das andere Denken, Fühlen, Äußern oder Handeln mag, wie es will.
Lass dich nur von dem Schöpfer berühren.
Sodass alles andere sich beugen muss.

Und nun fliege und schwebe durch deine Gefühlswelt und wandere durch deine Lebenswelt – sie vermag dich nicht mehr zu besiegen.

Liebe dich

Häufig ist der Mensch unglücklich im eigenen Körper.
Die Gründe können unterschiedlich sein.
Bist du zu unattraktiv, zu erfolglos, zu schwach und vieles weitere mehr?
Haderst du mit dir, beschuldigst du dich und mag es sein, dass du gar auf Kriegsfuß mit dir bist?
… Dabei siehst du nicht, wie schön und vollkommen du im Grunde doch bist.
Und du erkennst nicht, dass alles gut ist, wie es ist.
… Willst du denn nicht erkennen, dass du, dein Körper, dein Verstand und deine Seele dir ewiglich dienen und dich auf Schritt und Tritt begleiten?
Dass dein Selbst immer versucht, dich bei allen Dingen bestens zu unterstützen?
Siehst du denn nicht, wie rein dein Innerstes im Grunde ist, ob die Welt dies erkennt oder nicht?
… Der Schöpfer sieht es.
… Du siehst es.
… Braucht es da mehr?
Mit dem Schöpfer im Rücken und dir selbst als größtem Zufluchtsort brauchst du nicht mehr.
Stark bist du ein Leben lang.
Schön bist du seit Anbeginn der Zeit.
Und du wirst die Welt bezwingen. Du bist ein Felsen, der den Wellen des Ozeans standhält.
… Du wirst nicht mehr untergehen.
Der Schöpfer und du.
… Braucht es mehr?
So sage, hier und jetzt, dass du dich liebst.
Und erkenne, hier und jetzt, dass der Schöpfer und du deine beste Medizin sind und du nicht mehr aufgeben wirst.

Du wirst anfangen, dein Haupt aus der Versenkung zu erheben.
Und du wirst anfangen, zu kämpfen.
Für das Gute, für das Leben und für die Ewigkeit.
… Aufgeben kommt nicht infrage, mein guter Freund.
… Die Kraft deiner Seele reicht für die Ewigkeit …

Der hastige alte Mann

Ein gebückter, alter Mann lief allseits davon.
Sein Lebtag lang eilte und hastete er voran.
Er lief und lief. „Lasst mich nur", rief er.
Sein Leiden war übergroß und er gestand sich nicht ein, dass er vor sich selbst davonlief. Er wagte nicht, in sein Innerstes zu schauen. Er sah nicht gern, was sein Eigen genannt sein wollte.
„So sehr bin ich nun gealtert", dachte er sich.
„Doch nichts, was ich mache, ist recht.
Wie soll ich stehen bleiben und wie soll ich bestehen, wenn es nichts gibt, was ich gut und gern mache?"
Er lief und lief. „Bis zum Schluss werde ich laufen", sagte er sich, bis er stolperte über einen auf dem Wege liegenden Stein.
Er fiel gar schmerzlich und die Wunde am Knie brannte gar fürchterlich.
Er hielt kurz inne und holte Luft …
Und sah verwundert, dass so viele liefen.
Er schaute und schaute und raunte und belauschte eine Weile seine Umgebung.
Er sah sie laufen mit starrem Gesicht.
„Sah ich denn wirklich ebenso aus?"
Verblüfft staunte er und schaute noch weiter.
Er sah die ruhigen Wälder, die geschäftige Stadt daneben und merkte alsbald:
„So sehe ich ein, ich muss es endlich satthaben."
Frisch stand er auf und entfernte den Staub von seiner Kleidung. Und einmal noch strich er über seine Schulter und beließ es nicht dabei.
Er klopfte feste darauf und dachte frohgemut:
„Ein Lebtag lang läufst du und ein kleiner Stein bringt dich zu Fall. Warum nur gingst du nicht sicher und feste und umherschauend deinen Weg?

Ich fürchtete, mir in die Augen zu schauen, aber sie waren es doch, mit denen ich meinem Fluchtwege entgegen schaute?
Nun lache ich und sage nur:
Von heute an werde ich mich schweigend ergründen und meine Angst vor meiner Schwäche überwinden.

Denn zu laufen ohne Ziel ist ein nicht enden wollendes Spiel und lässt dich eigentlich am Anfang deines Pfades verbleiben."

Die Weisheit der Bäume

Nunmehr betrachte ich einen Baum im Spätsommer, eigentlich schon im Herbstanfang.
„Sonderlicher Baum", denke ich.
„Da hast du den ganzen Frühling und Sommer Mühe darauf gegeben, deine Blätter, deine Laubpracht heranzubilden, und nun, da sie reif ist, wirst du dich bald von ihr trennen.
Heranbilden und loslassen. Heranbilden und loslassen. Heranbilden und loslassen.
Was für eine Weisheit mag sich schon dahinter verbergen?
Heranbilden und loslassen …
Ziehe die Luft in dich ein und sei davon überzeugt, dass sich in allem Weisheiten verbergen. Dass alles die Handschrift Allahs trägt …
Dieser Baum wirft die Blätter dann ab, wenn er weiß, dass sie ihre Vollendung erreicht haben.
Und schenkt sie denen, die sie vielleicht nötiger haben könnten als er selbst.
Er wird ewiglich die Erinnerung an diese Reife haben, doch behält er sie nicht für sich.
Er überreicht sie an andere.
Denn er will sich nun einer neuen Reife widmen. Und sie dann erneut verschenken.
Wäre er egoistisch und wollte andere nicht teilhaben lassen an seinem Werk und Besitz, was würde dann geschehen?
Vielleicht wäre er dann nicht mehr in der Lage, neue Blätter heranzubilden, und die, die er besäße, würden faulen und den Baum krank machen.
Oder aber es würden über die Jahre so viele Blätter auf ihm heranwachsen, die er auch nicht gewillt wäre mit anderen zu teilen, dass er irgendwann an der Schwere zerbrechen würde.
Was das bedeutet?

Du sollst lernen. Dann geben. Dann sollst du arbeiten. Und die Ernte verschenken. Dann sollst du richtig erziehen. Und den Erwachsenen loslassen und seinen Weg gehen lassen. Dann sollst du überlegen. Und die Erträge deinen Nächsten überlassen.
Du sollst nicht verlangen.
Nein.
Du sollst geben und geben und geben."

Liebst du?

Was oder wen auch immer.
… Liebst du?
Willst du denn dieses Gefühl nicht zulassen?
Willst du dich denn davor verstecken?
Willst du denn diese Einladung nicht annehmen?
… Liebst du?
Hast du Angst vor den weiten Toren, die in eine unbekannte, ungewisse, unverstandene Welt führen?
Zupfen tausend Geister an deiner Vernunft und deinem Gemüt und sagen, du sollest schnell flüchten?
Doch sage, wie weit willst du denn davonlaufen?
… Liebst du?
So sagen sie alle: Liebe alles und jeden.
… Wie soll das denn gehen?
… Sag, liebst du?
… Sag mir, liebst du?
… Sag mir endlich, liebst du?
Liebe nicht gleich jeden, kleiner, bitterer Freund, liebe erst einmal.
Rein soll es sein.
Frei und glücklich.
Liebe erst einmal ehrlich und unbelastet.
… Meinst du, das sei der Keim?
… Sage mir endlich, hier und jetzt … liebst du?

Ich will

Ich sehne mich nach dem Guten, Schönen im Leben.
… So sehne ich mich nach dem Schöpfer, dem reinen Guten.
Alle guten, vollkommenen Eigenschaften sind Ihm eigen.
Alles Fehlerhafte, Unvollkommene und Unzulängliche ist Ihm fern.
Ich trage den Schöpfer stets in meinem Herzen.
Und trage ebenso das Gute stets in meinem Herzen.
Ich liebe den Schöpfer.
Und ich liebe das Gute.
Nach dem Schöpfer allein sehne ich mich.
Den Schöpfer allein bitte ich um Beistand.
Und dem Schöpfer allein strebe ich entgegen.
Für den Schöpfer kämpfe ich gern mit den Guten weltweit um den Sieg des Guten auf Erden seit Anbeginn der Zeit.
Ich will.
Ich will dazugehören zu all jenen, die stritten um den Sieg des Guten.
Und ich will in ihrem Gedenken bezeugen, dass es auch heute noch solche gibt, die sich um das Gute bemühen, und dass sie beruhigt und stolz auf uns niederblicken können.
Die Guten geben nicht auf.
Denn der Schöpfer ist das Ziel.
Und für Ihn leiden, lieben und kämpfen wir gern.

Helden im Verborgenen

Es gibt Helden auf Erden.
Auch in heutiger Zeit.
… Nur siehst du sie nicht und erkennst sie nicht.
… Du wirst auch nie verstehen, was sie bewirken und wie sie es tun.
… Denn dies ist eines der Geheimnisse des Herrn der Welten.
Sie arbeiten und mühen unbeirrbar. Kein Verstand mag ihre endlose Leidenschaft je erfassen.
Du wirst sie niemals erschöpft sehen.
Würden sie umfallen, dann würde man erkennen, dass sie ihre Grenzen erreicht haben.
Sie brennen nicht.
Sie sind schon Feuer.
Sie verbrennen vielmehr, was sie berühren.
Sie leiden nicht, sie gehen zum Kampfe über.
Du willst sie belehren?
Sie lachen nur und schweigen.
Denn das, was sie belehrt, das siehst du nicht.
Sie tragen diese Welt, weißt du?
Du siehst sie nicht, sie laufen mit den Schatten.
Die Welt soll wirken.
Sie kümmern sich um deren Bestehen.
Es gibt verborgene Helden auf Erden.

Der Schneemann

Ein Schneemann bei Wind, Schnee und Sturm trotzt allen Umständen und jedem Schicksal, bis er verschwindet.
Er weiß gar nicht, weshalb er trotzt.
Denn er hat kein Innenleben.
Sein Leben ist, was man nach außen hin sieht.
Und darum hat er einen Wert?
Erfreut er und verschwindet dann einfach?
Schneemann, der du bist, ich mag dich sehr.
Und deine Anwesenheit ist mir Trost und Segen.
Und dennoch: Nie tust du etwas.
Du bist, was man wollte, dass du bist.
So hat man dich geformt.
Und du hast dich nie gewehrt.
Schneemann, Schneemann, von allem lässt du dich beeinflussen.
Von dem, der dich formt, erbaut, von der Umwelt, dem Klima, von den Umständen, von den Schneemännern, die vor dir waren und von denen du meinst zu wissen, was ein Schneemann ist.
Schneemann, Schneemann, von allem lässt du dich beeinflussen, bis auf von dir selbst.
Wozu gibt es dich dann?
Sag mir, Schneemann, der du bist, ist es da schlimm, wenn man dich einfach vergisst?

Die Schnecke

Schnecke, die ich sehe, so viele lachen über dich.
Du seist zu langsam und du gingest schleppend voran.
Und doch schuf dich der Schöpfer mit Sinn und Richtigkeit.
Schnecke, du trägst dein Haus mit dir, egal wo du bist.
Du brauchst nicht zu flüchten oder dich zu verbergen.
Siehst du Gefahr, ziehst du dich zurück in deine Hütte.
Und, Schnecke, dein Haus ist aus deinem Fleisch und Blut entstanden.
Es ist genau richtig, um dir zu genügen.
Du sagst: „Wenn du keinen Grund zur Hektik hast und überall bestehen kannst, erscheinst du den Hastenden und Lärmenden wie aus einer anderen Welt."
So gehe ich mit dir, du Schnecke.
Lass die, die nicht verstehen, lachen … denn du bist der Beweis, dass man auch ohne schnellen Puls überlebt.
Du bist für mich kostbar und wertvoll.
Denn du weißt nicht, wie dankbar ich dir dafür bin.
… Und womöglich entsteht auch aus meinem Fleisch und Blut eines Tages eine Hütte, denn unähnlich sind sich unsere Gene nicht.

Das Licht

Schon ist sie verschwunden, die Sonne … Aber eine Weile bleibt das Licht noch, wird von meinem Herzen eingeatmet und von meinen Augen aufgesogen, bis auch der letzte schöne Schimmer fort ist …
Doch bleibt die Sonne mit ihren tröstenden, warmen Strahlen noch da und geht nicht.
Denn sie ist in mir. Sie wurde schon längst zu einem Teil von mir.
Noch immer, obgleich in tiefer Nacht, spüre ich die mütterliche Umarmung der Strahlen, den väterlichen Schutz der Wärme und das liebliche, das zärtliche, das innerlich tief berührende Gold … es ist noch immer da.
Und es wird nicht mehr von meiner Seite weichen, solange ich es nicht zulasse. Solange ich mir dieses Stück Paradies nicht von Raben, Krähen, Ratten, Hyänen, Schlangen und Schweinen wegnehmen lasse. Solange ich mich nicht kleinkriegen lasse.
Denn diese Strahlen gehören zu mir. Niemand kann mit der Hand danach greifen und sie mir stehlen, mir streitig machen oder von mir reißen. Nein. Das Licht ist in mir, es gehört mir und zu mir. Ich liebe es. Und es erwidert meine Liebe. Also bin ich sicher. Wohlbehalten im Kerker ohne Licht. Doch wen kümmert das überhaupt? Ich selbst bin Licht.
Und ich glaube daran, dass mich das Licht erneut aus der Finsternis befreien und zum Tageslicht führen wird.

Mut zusprechen

Verzweifle nicht wegen Hoffnungslosigkeit, du wirst es eines Tages schaffen. Die Ketten dieser Welt wirst du eines Tages sprengen. Schau nicht so verbittert um dich, dein Leben wird bald wieder lebenswert sein. Trauere nicht Vergangenem nach, das Heute wirst du retten. Versinke nicht in deinen Sorgen, du wirst dich davon befreien. Sei nicht bekümmert wegen deiner Fehler, du wirst sie hinter dir lassen. Mach deine Augen vorsichtig auf und schaue um dich. Siehst du nicht, wie schön die Welt ist? Der Schöpfer erschuf sie für dich und mich. Er gab uns ebenso unser Leid, mag sein, doch gab Er uns auch die Liebe, die Freude, die Glückseligkeit und die Geborgenheit. Sollten wir nicht sowohl das Üble als auch das Gute schmecken, um zu reifen?
So sage ich dir eines, mein Freund. Mag ich im Dunkel versinken und dort nicht mehr herausfinden, mag ich in Flammen verbrennen und zu Asche werden, doch mein Glaube an den Schöpfer wird fortbestehen. So werde ich niemals allein sein, und möge die ganze Welt gegen mich in den Krieg ziehen. Nein. Mein Glaube wird fortbestehen, egal wie fehlerhaft ich auch bin, egal wie schwach ich auch bin und egal wie sehr ich leide. Er wird bleiben. Der Glaube. Und ich glaube daran, eines Tages wird mich dieser Glaube aus der Finsternis befreien ...

Das Wunderland

Suchst du das Wunderland auf Erden? In dem es keine Trauer gibt? In dem es kein Leid gibt? In dem es keine Schmerzen gibt? In dem es keine Tränen gibt?
So begleite mich auf meiner Reise, Freund.
Denn auch ich suche jenen Ort.
Tag und Nacht halte ich Ausschau.
Doch dieser Ort wird erst erscheinen, wenn du selbst anfängst, zu heilen.
Wenn du dich vorsichtig besserst.
Wenn du sachte um dich schaust und der Welt ein reines Lächeln schenkst und sie bekehrst.
Sage jenen bekümmerten Menschen, es gäbe ein Wunderland.
Sie sollen dir folgen und dich begleiten.
Und eines Tages werden wir es finden.
Denn das Wunderland gebärt jedes Individuum für sich selbst.
Es ist versteckt.
In deinem Herzen.
Komm, hole es hervor.
Vielleicht ist dein Seelenreich schöner als das meine.
So öffne dich.
Und belehre mich.

Wunder zulassen

… Öffne dich.
Lass Wunder endlich wieder zu.
Denn Wunder umgeben dich, auch wenn du dich vor ihnen verschließt. Du allein hast deine Tore ihnen gegenüber verriegelt, sodass sie dich nicht mehr besuchen können.
Nicht das, was du glaubst, ist die absolute Realität, sondern nur ein kleine Teil der Realität. Diese gelangt zu dir durch die offenen Tore der Dinge, die du glaubst.

Der Glaube öffnet die Tore der Erhabenheit.

… Und wie viele Tore und Geheimnisse die Erhabenheit, die Allmacht einem jeden Menschen bereitstellt, weiß der Erhabene allein …

Der einsame Baum

Ich laufe durch die Straßen dieser Stadt,
Die nichts außer vielen Menschen hat.
Ermüdet kehre ich in mein tröstendes Heim,
Schaue aus dem Fenster, sehe einen Baum allein.

Fern sind ihm seine Verwandten, seine Familie fort,
Er steht noch aufrecht an diesem lauten, grauen Ort.
Ich leiste ihm wehmütig und traurig Gesellschaft.
„Ich bin stark", raunt er leise und tugendhaft.

Er atmet die Abgase der vielen Autos ein
Und sagt mir: „Dies ist eben mein Heim."
Seine Äste sind gestutzt und recht gemacht,
Sodass er nicht Ärger und Hindernis entfacht.

„Woher hast du nur diese Geduld und Kraft?"
Ich ihn bewundernd und wissbegierig gefragt.
„Ich vertraue auf Allah und seinen baldigen Lohn
Und meinen Stolz, da ich einer großen Prüfung beiwohn'."

Und ich spreche: „So ist es auch bei den Menschen,
Bei jedem von uns will eine andere Prüfung herrschen.
Meinst du nicht, Allah nannte diese Welt Prüfungsort,
Wo sich herausstellt, wer die Himmel bewohnt?

Gegeben hat uns Allah Ränge durch unser Wirken
Und wartet ab, was wir auf Erden wohl bewirken.
Meinst du, Gut und Schlecht seien gleich viel wert?
Die einen verdienen Himmel, die anderen Hölles Herd."

Der Baum lacht schwer und erhaben über mich,
„Weißt du denn nicht, dass du eine bist wie ich?"
Verwirrt schaue ich auf und frage ihn sogleich:
„Bin ich das wirklich? Dann wäre ich sehr reich."

Der Baum schweigt noch und lächelt warm.
„Erkennst du nun, die Menschen sind arm?
Sie sehen nur das, was sie sehen müssen,
sie hören nur das, was sie hören müssen.

Mich sieht ohnehin kaum jemand wirklich
Und wenn doch, nicht besonders herzlich.
Und was dich anbelangt, mein Kind,
Du bist anders, als viele Menschen sind.

Wir sind verwandt, denn wir lieben den Herrn
Und für seine Gnade und Nähe leiden wir gern."

Monolog

Schleppend ziehe ich mich voran,
Wann zuletzt ich nicht nach Ruhe sann?
Verstehe die Welt in ihrer Hast nicht,
Irgendwann es mir das Herz zerbricht …

Kann selten sein, wie ich wirklich bin,
Kann oft nicht sein, wie ich sein will …
Gehe nur immerzu im selben Kreise,
Ja, welch unglaublich lange Reise.

Erscheint mir doch oft alles sinnlos,
Niemals fühlte ich mich schwerelos …
Durfte nur spüren diese elende Last,
Nichts anderes ich so gründlich gehasst.

Bin selten zufrieden mit meinem Tun,
Verlange zu viel, kann nicht ruh'n.
Die Gedanken es nicht zulassen,
Sie sind einfach nicht zu fassen.

Oft will ich ewiglich leben allein,
Niemand, der je störet mein Sein.
Niemand, der könnt ablenken mich,
Nichts, was noch könnt verführen mich.

Gewiss, ich mag sehen nur Schwärze,
Doch bleibet mir dann nichts mehr im Herze.
Je mehr ich bringe in Erfahrung,
desto mehr öffnet sich mir ein Kosmos voll Warnung.

Er sagt mir, gib nur acht gar sehr,
Was du willst erreichen, ist schwer.
Und niemals verliere dein wahres Ziel,
Zwischen Genie und Wahnsinn liegt nicht viel ...

Die Liebe

Sah ich im dunklen, tiefen Glanz
Der wolkenbehangenen Nacht
Einen atemberaubenden Tanz
Von Zweien mit inbrünstiger Macht.

Sie wirbelten mit Drang und Klang,
Sie tanzten berauscht mit Hingabe und Übermaß,
Sie tosten entbrannt das Land entlang,
In einem unergründlichen, fortwährenden Ausmaß.

Diese Zwei tanzten schon seit Anbeginn der Zeit
Und doch – Sie blieben unerkannt immerfort.
Die Liebe, die sie beflügelte, war urgewaltig und weit
Wie der Himmel über ihnen, ein endloser Ort.

Und ewig würden sie tanzen und schweben
Und auf ihrer Reise immer Menschen berühren,
Sodass deren Liebe entflammt mit Segen,
Damit sie das große Gefühl im Herzen spüren.

Die Wege des tanzenden Paares waren ungewiss,
Unerklärlich waren ihre Ziele und Absichten,
Fraget nicht, warum und weshalb, ihr wisst es nicht,
Die Liebenden, fürchteten sie schwere Lasten?

Und doch – unermüdlich wirbelte die tanzende Wahrheit,
Und das Tanzpaar fragte nicht, ob man fühlte sich bereit.
Das Labyrinth der Liebe war ein Mythos ohnegleichen mit Sicherheit,
Wohl um Bedeutsames zu erleben, wohl entsandt von einer Gottheit.

Seelenreich

Ich singe, spiele, frei und ohne Last,
Ich kenne keine Ruhe, keine Rast.
Ich suche und forsche nach meinem Ermessen,
Die kleinen Sorgen, sie sind schon vergessen.

Ein Wirbelsturm keimt aus meinem Seelenreich,
Er will mich tragen in mein Königreich,
Mein Reich ist vollbehangen mit kostbarstem Gut,
Vor jedem Meisterwerk heb ich meinen Hut.

Mein Schatz besteht nicht aus Juwelen, nicht aus Gold,
Das geschriebene Wort ist meine Heimat, so hold.
Ich ehre die Werke heller Sinne, sie sind so groß,
Weisheiten, Wissen, Erkenntnisse, das ist mein Los.

Ich wandere gelegentlich im Wald umher,
Hole mir von Zeit zu Zeit Wunden daher.
Schnell, sogleich auf in mein sicheres Königreich,
Die Schätze dort heilen rasch, drum bin ich reich.

Mein Islam

Einen Wunsch habe ich,
Dass viele Menschen lieben dich
Und nicht mehr verletzen dich,
O mein Islam.

Eine Bitte möchte ich verkünden,
Dass wir wieder Muslime werden würden
Und uns nicht mit dem Fruste verbünden,
O mein Islam.

Ein Wort rufe ich aus,
Damit hat alles Böse ein Garaus,
„Allah", dies ist unser Lauf,
O mein Islam.

Einen Namen verkünde ich,
Der immerzu hat geleitet dich und mich,
„Mohammed", Allah erhöhe dich,
O mein Islam.

Mehr braucht es nicht,
Denn diese bilden ein Gewicht,
Das alles niederzwingt,
O mein Islam.

Der junge Knabe

Leise singt der junge Knabe,
Dankt dem Herrn für seine Gabe,
All jenes, was er erhielt immerfort,
Die Gesundheit, das Glück, das Brot.

Lauter klingt er nun und strahlt,
Das gute Herz, das er doch hat,
Sei ihm Schatz und recht erhaben,
Die Tugend, die Wärme und das Geben.

Auf und ab fließen die Noten,
Was ist alles auf Erden geboten,
Wie schön ist die Welt immerfort,
Die Wiesen sind ein lieblicher Ort.

Sachte verneiget sich der Knabe,
Ewig sind doch unser aller Wege,
Wir werden uns jüngst wiedersehen,
Im Jenseits, in der Ewigkeit, im Leben.

Ruhe

Auf Wasserpfützen laufend komm ich daher,
Mein Gewand verweht der Wind von weit her.
Den Sonnenuntergang beobachte ich voll Schweigen,
Sehe die Gewitterwolken, die zuckend ihre Blitze zeigen.

Hülle mich langsam in die Dunkelheit,
Wahre die Stille mit der Einsamkeit.
Diese lautlose Ruhe zu genießen,
Ist wie mit dem Fluss zu fließen.

Wieder versinke ich in meinen Gedanken,
Beobachte die Natur und kann nur danken.
Mein Blick wandert zu dem Sternenhimmel
Und findet eine Antwort in all dem Gewimmel.

Ich bin in Gesellschaft, obgleich ich bin allein,
Gibt es doch überall Freunde der Einsamkeit.
Wir fühlen unsere Anwesenheit, ohne uns zu sehen,
Das Gleiche ist wohl auch mit den Sternen geschehen.

Die Kraft, die in mir ruht

Hier ist mein Herz,
Siehst du es?
Es erträgt viel Schmerz,
Glaubst du es?
Merke dir dieses Herz gut, mein Freund,
Bislang es sich vor keinem gescheut.
Schau es dir an, vergiss es nie,
Es wird alle Gegner zwingen in die Knie.
Nimm deine Peitsche und ziele um dich, mach mir Angst,
Biete mir Reichtümer, sage, was du dafür verlangst.
Dieser Körper würde eigentlich sogleich hinter dir stehen,
Doch jenes Stück Fleisch wird sowohl dich als auch mich überstehen.
Sag mir, armer Feind, der du bist,
Was nützt da deine ganze List?

Liebe

… Ich liebe es zu lieben.
Die Liebe lässt mich den Tod vergessen.
… Ich liebe es zu sterben.
Die Qualen lassen mich das Leben vergessen.
… Und ich liebe es,
Dir, Geliebter, zu horchen.
Deine Anwesenheit,
Auch wenn Du schweigst,
Lässt mich die Welt vergessen.

Möge Kuvvet ewiglich ihrem Wege folgen und ihr Glück finden.
Und möge ihre Suche nach Wahrheiten und Weisheiten ein Leben lang andauern …
Das Ziel dabei ist, den Schöpfer und sein Schaffen besser zu verstehen. Und somit sich selbst.
Und all ihre Mühen gelten jener Aussage:
Glaube an was du willst – doch entscheide dich für das Gute.
Strebe nach der guten, tugendhaften Vollkommenheit, fern von Schlechtem und Fehlern.
… Bemühe dich darum.
Lass es dein Lebensinhalt sein. Suche nach der Vollendung, der Erleuchtung, dem Erreichen der Weisheit.
…Und die Vollkommenheit hat bei den Menschen viele Namen.
Und diese Botschaft ward in die Länge gezogen, für verstehende Gemüter …
Und vergiss nie: Glaube feste daran, dass letztlich alles wirklich gut werden wird.

Die Autorin

Die 1983 geborene Autorin Pinar Akdag absolvierte nach dem Fachabitur die Ausbildung zur pharmazeutisch-technischen Assistentin und übte diesen Beruf dann aus. Mit jener Arbeit konnte sie sich jedoch nie identifizieren und widmete sich dann dem Schreiben.

Sie begann bereits vor fünfzehn Jahren mit ihrer schriftstellerischen Tätigkeit und vor vier Jahren machte sie diese Leidenschaft dann zu ihrem Beruf. Heute ist sie freiberuflich als Autorin und Texterin tätig. Ihre Werke wurden von verschiedenen Verlagen publiziert und nun folgt ihr Buch „Weisheiten aus dem Herzen". Dieses verdeutlicht ihre Liebe zum Erzählen von Geschichten und dem Schreiben.

novum VERLAG FÜR NEUAUTOREN

Der Verlag

*Wer aufhört
besser zu werden,
hat aufgehört
gut zu sein!*

Basierend auf diesem Motto ist es dem novum Verlag ein Anliegen neue Manuskripte aufzuspüren, zu veröffentlichen und deren Autoren langfristig zu fördern. Mittlerweile gilt der 1997 gegründete und mehrfach prämierte Verlag als Spezialist für Neuautoren in Deutschland, Österreich und der Schweiz.

Für jedes neue Manuskript wird innerhalb weniger Wochen eine kostenfreie, unverbindliche Lektorats-Prüfung erstellt.

Weitere Informationen zum Verlag und seinen Büchern finden Sie im Internet unter:

w w w . n o v u m v e r l a g . c o m